Les routes mythiques

À Stéphanie, qui m'a accompagnée sur ces routes

À Gaëtan, Estelle, Daphné et Célia, pour leur patience
À Maia et Marie, pour leur aide

« Ce n'est pas la destination mais la route qui compte. »
proverbe gitan

ISBN 978-2-7011-5357-5

Les routes mythiques

Élisabeth Dumont-Le Cornec

Cartographie
Jean-François Dutilh

BELIN

Il suffit d'être prêt à partir pour que l'occasion se présente. (Alain Borer)

ÉLOGE DE LA ROUTE

Il y a les routes, ces « voies creusées dans la roche pour ouvrir le chemin » (ainsi les définit le dictionnaire) et il y a la Route, comme un prétexte, un tapis de terre ou de contes, un livre ouvert. Qu'on entende les mots : on *se met en* route… On *prend* la route, comme on prend son temps. C'est comme si on l'emmenait avec soi dans un état de vacance, d'ouverture, de disponibilité.

Mais, qu'est-ce donc qui nous pousse à prendre la route ? Quels mobiles induisent le départ ? La quête d'un savoir ? La conquête d'un empire ? Une chimère de toujours ? Le fantasme d'un trésor caché ? Qui sait ? Sans doute est-ce tantôt ceci, tantôt cela. On peut même croiser cette hypothèse : l'animal humain serait le siège d'une véritable « pulsion à partir » ! Voilà la route quasiment inscrite dans le prolongement de nos gènes. L'impulsion qui déclenche le *partir* peut tout simplement provenir des récits. Un ouvrage de 1649 s'intitule *De l'utilité des grands Voyages & de la lecture des Relations*, ce titre même renvoie à une double invitation : prendre la route et/ou lire dans les mots du voyageur même ce que la route raconte. C'est qu'une route, en ouvrant le paysage, peut vous ouvrir à vous-même.

L'histoire d'un voyage est un palimpseste de lieux et d'êtres humains qui se croisent et se répondent. Surprise, attente, curiosité : chaque fois, le voyageur s'engage sur un chemin *« qui monte vers cet espoir peut-être fallacieux de quelque chose aboutissant quelque part »* (Verlaine). Et puis, toujours nous attirera la magie de tel ou tel nom de lieu, Oulan-Bator, Key West ou Karakoram… C'est comme un appel, comme une promesse. C'est Saint-John Perse fonçant dans une grosse Buick à travers le désert de Gobi, réalisant ainsi *« ce vieux rêve d'un peu de vie réelle en plein désert »*. C'est Rimbaud en partance pour les lointains. C'est Dürer franchissant les Alpes à pied ou Chatwin auscultant l'Australie.

Ce que je veux dire: une route est une expérience extérieure et intérieure en même temps. *« Un homme voyage pour sentir et pour vivre,* écrit André Suarès, l'auteur si injustement oublié du *Condottiere, à mesure qu'il voit du pays, c'est lui-même qui vaut la peine d'être vu. Il se fait chaque jour plus riche de ce qu'il découvre. »* Oui, en vérité, se mettre en route c'est se mettre un peu plus en état de vivre.

Je crois que les routes ont toujours été des moments forts de ma vie d'homme et pas seulement de voyageur. Nul doute, les routes m'ont fait ce que je suis. La Route 66 Chicago-Los Angeles, par exemple. Hormis la US One, qui longe la côte atlantique de la frontière canadienne à la pointe de la Floride, nulle voie terrestre ne raconte mieux l'histoire américaine que cette 66. Pour moi, cette même route reste comme le socle d'une mythologie personnelle. Je peux m'imaginer avoir grandi en Amérique, en un temps révolu. Lorsque je dis « grandi », je veux parler de ces morceaux d'images, de ces mots, sons, arpents de terre traversés, de ces notes bleues ou versicolores qui aident sans doute à faire un homme. Et donc, parcourant la 66, c'est comme si je me parcourais moi-même. Et comme une route ne mène pas seulement d'un point à un autre mais... partout (!), la 66 peut aussi bien me conduire – ou vous, évidemment – sur la Piste des Larmes des Indiens Cherokee à l'est du Mississippi, sur les chemins des missionnaires espagnols en Californie au XVIIIe siècle ou même vers les étoiles du cinéma hollywoodien.

Routes, avancées, multiples traversées: de l'Inde, je me rappelle les sentiers autour de Vrindaban où un instituteur m'emmena rencontrer un sage, un ancien avocat, qui avait choisi de ne plus parler. Je me souviens aussi, bien plus au sud, de ce chemin de sable qui conduisait à Calangute, la plage de Forte Aguada, dans l'enclave de Goa. Des dizaines de gitanes couvertes de bijoux de la tête aux pieds y proposaient des tapis, des robes, des épices, dans les cris d'une bande de corneilles.

Il y eut aussi la Patagonie ! Je revois au début du voyage un drôle de bourg au nom improbable, Trelew, prononcé Tréléou, une ancienne escale pour les avions de l'Aéropostale, comme un havre dans l'immensité des plaines patagonnes. Mermoz, Guillaumet, Saint-Exupéry travaillèrent ici dans les voies du ciel. De Trelew, on s'élance vers l'une des contrées les plus étranges de la planète : je me rappelle avoir roulé plus de quatre cents kilomètres sans croiser âme qui vive. C'est alors que se succèdent les sentiments les plus divers : on commence par s'ennuyer, puis doucement on ne s'ennuie plus car le vide, la route et… soi dessus, viennent vous chercher et vous vous sentez comme dans une Nième dimension et finalement… à peu près à votre place : celle d'un petit homme dans l'immensité. De ces routes, de ces périples, j'ai rapporté des films, des articles et des livres, rythmés par l'émerveillement, le plus possible, avant tout.

À propos de récits de voyage, mon ami Bernard Ollivier note qu'en 2005 près de 150 000 marcheurs-écrivains se sont aventurés sur le trajet de Paris à Saint-Jacques de Compostelle : des *« marcheurs-écrivains »* en ce sens que, partant sur les traces des pèlerins du Moyen Âge, *« à peine arrivés au gîte, ils se précipitaient sous la douche, s'allongeaient afin de récupérer des fatigues de la marche puis, l'un après l'autre, se choisissaient un endroit tranquille et, sortant carnet et crayon, noircissaient des pages de leurs pensées, de leurs aventures, de leurs découvertes du jour. »* La route serait-elle, en plus de tout, génératrice de créativité ?

S'il est vrai qu'il n'existe plus guère de mystère à lever, de terres nouvelles à découvrir aujourd'hui sur notre planète, l'imagination, elle, ne connaît pas de limites. *« La sortie des sentiers battus est toujours unique »*, dit Bernard Ollivier, qui a parcouru et raconté dans plusieurs livres la légendaire route de la soie. Ce que nous cherchons dans nos lectures c'est l'étincelle qui nous lancera, chacun sur telle ou telle route.

Nicolas Bouvier, ce maître du récit de voyage, vantait les récits écrits *« par des gens touchant au commerce »*, Marco Polo avant tous les autres, parce qu'ils évitent *« les engouements benêts »*, c'est-à-dire l'exotisme, le goût béat du folklore. Ce qui compte c'est le mouvement même qui conduit vers le monde le pèlerin aux yeux ouverts.

Quant à savoir si les voyageurs mentent... Constatons que souvent, leurs mensonges nous charment... Ah ! Les *« grandissimes merveilles et diversités »* rencontrées et rapportées par Marco Polo, justement... C'est qu'il faut réussir tout à la fois l'utile description et l'agréable narration. S'adressant à François Ier, Jacques Cartier déclara que son livre devait non seulement faire *« veoyr et sçavoir »* les terres occidentales, mais encore montrer ce *« qu'il vous plaira veoyr »* : une description qui informe et un récit qui enchante. Pas moins. Alain Borer, éternel routard du mythe rimbaldien, dit : *« De tous les livres, celui que je préfère est mon passeport... quelques pages encore vierges, seule promesse tangible de nouveaux voyages, s'offrent potentiellement à toutes les images du monde. »* La possibilité d'une route, voilà ce qu'il faudra toujours garder. Mais, il est des passeports imaginaires aussi puissants que les vrais.

L'ensemble qui s'ouvre ici, cette fantastique arborescence de cinquante routes, je le vois comme un cadastre du songe. Et même, l'envie me vient d'interpeller le lecteur : peu importe que tu aies en poche ton tampon pour Cusco, Assouan ou Kyoto ou bien que sans billet aucun, tu t'engages sur les routes qui au long de ces pages vont s'ouvrir à toi. Qu'il parvînt ou non aux lieux saints, le pèlerin du Moyen Âge s'assurait de la vie éternelle, toi tu t'assures déjà d'évasions incalculables et d'histoires infinies.

ÉRIC SARNER

Arrêt en Arizona, au fast-food de Seligman, sur la Route 66 pour le conducteur de cette Chevrolet Bel Air de 1955.

Parcourir les routes de l'Histoire

« Maintenant il y avait des stations d'essence et des juke-boxes 1950 dernier cri. [...] À Childress, sous le soleil brûlant, on mit le cap directement au Sud en bifurquant sur une route secondaire et on s'élança à travers des déserts abyssaux en direction de Paducah, Guthrie et Abilene (Texas). La vieille bagnole chauffait et dansait le bop et s'accrochait opiniâtrement au terrain. »

Jack Kerouac, *Sur la Route*, Gallimard, 1960.

La Voie royale perse au temps de Darius

Type de route	terrestre
Point de départ	Sardes (site archéologique, Turquie)
Point d'arrivée	Suse (Shush, en Iran)
Longueur	2683 km
Date de création	518 av. J.-C.
Déclin	330 av. J.-C., mort d'Alexandre et division de l'Empire
Pays traversé	Perse
Étapes importantes	Pteria • Ninive
Climat	continental
Moyen de locomotion	cheval
Motif de la route	stratégique
Fréquentation	coursiers impériaux, fonctionnaires, marchands
Littérature	*Histoires*, d'Hérodote, vers 478 av. J.-C.

L'Empire perse, fondé par Cyrus le Grand, en 550 avant J.-C., étirait ses frontières du nord de l'Afrique jusqu'au sud de l'Asie. L'accession au pouvoir de Darius Ier, en 522 avant J.-C., fit l'objet de contestations, et le nouveau roi passa ses premières années de règne à réprimer les soulèvements des provinces. Mais, une fois ses opposants éliminés et son pouvoir assuré, le souverain achéménide s'employa à organiser son Empire en satrapies (provinces gouvernées par un satrape) et à améliorer ses infrastructures. Il installa sa capitale d'abord à Persépolis puis à Suse, plus centrale après l'extension de son territoire, fit bâtir des villes et des palais somptueux. Le souverain aimait changer de résidence, préférant Ectabane, plus fraîche l'été, et revenant régulièrement à Pasargades, berceau de la dynastie achéménide. C'était à Suse pourtant, siège politique et administratif de son gouvernement, que Darius recevait ses informateurs et les délégations venues de tout l'Empire.

En 518 av. J.-C., fut ouverte la Voie royale, qui enjambait le Tigre et l'Euphrate pour relier Sardes à Suse, via Ninive, rapprochant ainsi la mer Égée du golfe Persique.

Sitôt son pouvoir affermi, Darius initia une politique de grands travaux destinée à développer le réseau de communications de l'Empire. Son objectif ne consistait pas seulement à relier les grandes villes entre elles, mais aussi à pouvoir déplacer plus rapidement ses troupes en cas de conflit, à mieux maîtriser ses frontières et à faciliter les échanges commerciaux. Il se servit des chemins existants qu'il fit élargir et entretenir. Il traça aussi de nouvelles routes.

En 518 avant J.-C., fut ouverte la Voie royale, qui enjambait le Tigre et l'Euphrate pour relier Sardes à Suse, via Ninive, rapprochant ainsi la mer Égée du golfe Persique.

Cette route favorisa largement le développement du commerce terrestre entre le nord et le sud de l'empire perse et avec les contrées voisines.

La Voie royale servit à accélérer la diffusion des informations et des messages destinés au souverain achéménide. Des ponts furent édifiés sur les rivières tandis qu'un système de bac permettait de traverser les fleuves. Plus de cent étapes, installées à intervalles réguliers le long de la route, servaient de relais de poste. Elles offraient le confort d'un logement et des écuries remplies de chevaux. Cela permettait aux coursiers de se relayer ou de se reposer et de changer de monture. Un courrier mettait ainsi neuf jours à parcourir les 2683 km qui séparaient Suse de Sardes. À certains relais, une demeure confortable, agrémentée de jardins ombragés, était réservée au souverain et aux satrapes qui le représentaient dans les provinces. C'était le cas à Arderikka, une étape située à 120 km de Suse.

Des forteresses disposées à des endroits stratégiques constituaient d'utiles postes de surveillance de la route. Cela n'empêcha pas l'armée d'Alexandre le Grand, roi de Macédoine, de s'emparer de Sardes, capitale de la satrapie de Lydie, en 334 avant J.-C. Son avancée fut d'autant plus rapide qu'il put justement utiliser les routes existantes. À l'époque hellénistique, le tracé de la Voie royale fut modifié et passa plus au sud, par la cité d'Antioche, puis le long de l'Euphrate vers Babylone.

Une fois installé à Babylone, Alexandre poursuivit la même politique de développement des voies de communication. Il fit appel aux services de bématistes égyptiens, ces arpenteurs chargés de mesurer la distance entre deux lieux, pour doter les routes de bornes.

La via Appia

Type de route	terrestre
Point de départ	Rome
Point d'arrivée	Brindisi
Longueur	540 km
Date de création	312 av. J.-C.
Apogée	Empire romain
Déclin	Ve siècle, chute de l'Empire romain
Pays traversé	Italie
Étapes importantes	thermes de Caracalla (Rome) • Ariccia • forum Appio Terracina • Fondi • Itri • Formia • Minturno • Mondragone • Capoue • Bénévent • Quilonia • Gravina • Tarente • Oria **Via Appia Traiana (IIe siècle) :** • Bénévent • Troia • Canossa • Bitonto • Bari • Egnazia
Climat	tempéré
Moyens de locomotion	pied, cheval, chariots tirés par des bœufs, voitures attelées, litières portées par des esclaves
Motifs de la route	stratégique et commercial
Fréquentation	soldats romains, marchands
Littérature cinéma	• *Table de Peutinger*, copie du XIIIe siècle d'une carte du IVe siècle représentant 200 000 km de voies de l'Empire romain. • *L'Itinéraire d'Antonin*, guide de voyage comprenant 372 voies romaines avec leurs étapes telles qu'elles existaient à la fin du IIIe siècle (copies du VIIe au XVe siècles). • *Spartacus*, film de Stanley Kubrick, 1960.

Construite à partir de 312 avant J.-C. par le consul Appius Claudius Caecus, dont elle prit le nom selon la coutume romaine, la via Appia fut surnommée la « reine des voies » par le poète Stazio. À l'origine, la voie allait de Rome à Capoue. En 190 avant J.-C., elle fut prolongée jusqu'à Bénévent, puis jusqu'à Brindisi, important port du commerce avec la Grèce et l'Orient. Un tracé plus direct, inauguré sous Trajan au IIe siècle, mettait Brindisi à deux semaines de Rome. La via Appia est la plus ancienne route pavée de l'époque romaine.

La via Appia est la plus ancienne voie pavée de l'époque romaine, et parmi les mieux conservées.

Avec ses 4,10 mètres de large, pavés de dalles de basalte, la via Appia permettait à deux chariots de se croiser. De chaque côté, des chemins de terre battue servaient aux piétons.

En 71 avant J.-C., la via Appia fut le cadre d'une sanglante répression infligée à l'armée vaincue de Spartacus. Le consul Crassus captura six mille esclaves qui avaient suivi le gladiateur et lutté contre les légions romaines, et les fit crucifier le long de la via Appia, sur plus de deux cents kilomètres.

Dans l'Empire romain, les distances étaient calculées en « milles » (1 481 m), matérialisés par une borne milliaire, haute colonne affichant le nom de la voie et les distances. Les routes principales étaient jalonnées de relais tous les 10 à 20 km, où les messagers changeaient de cheval. Et, tous les 50 à 80 km, des gîtes d'étape possédaient des tavernes et des entrepôts.

Aux abords de Rome, la via Appia était une sorte de voie sacrée, bordée de monuments funéraires et menant aux nécropoles de la cité. Les Romains l'empruntaient pour se rendre en procession au temple de Jupiter ou au temple de Diane.

Grosseto
Ombrie
Abruzzes
Pescara
Via Aurelia
Latium
L'Aquila
Via Flaminia
Via Salaria
Roma Rome
Via Appia
Aricia
Ariccia
Molise
Via Appia Traiana
Fundi
Fondi
Itri
Minturno
Anxur
Terracina
Formiae
Formia
Sinuessa
Mondragone
Beneventum
Bénévent
Capua
Capoue
Vésuve
Naples
Salerne
Foggia
Herdoniae
Ordona
Canusium
Canossa
Aeclanum
Mirabella Eclano
Quilonia
Venusia
Venosa
Barium
Bari
Butonti
Bitonto
Neapolis
Polignano
Egnatia
Egnazia
Pouilles
Brundisium Brindisi
Silvium
Gravina
Potenza
Tarentum
Tarente
Uria
Oria
Campanie
Basilicate
Mer Adriatique
Mer Tyrrhénienne
Mer Ionienne
Cosenza
Calabre
Via Popilia
Catanzaro
0
50
100
150
200 km
Palerme
Sicile
Etna
Rhegium
Reggio
N
O
E
S

La via Domitia en Gaule

Type de route	terrestre
Point de départ	Suse (Piémont, Italie)
Point d'arrivée	Col de Panissars
Longueur	500 km environ
Date de création	118 av. J.-C.
Apogée	Ier siècle av. J.-C. – IIe siècle
Déclin	Ve siècle, fin de l'Empire romain
Pays traversés	Italie, France
Étapes importantes	• Col du Montgenèvre (1850 m) • Briançon • Embrun • Gap • Sisteron • Apt • Cavaillon • Saint-Rémy-de-Provence • Tarascon • Arles • Nîmes • Béziers • Narbonne • Salses • Château-Roussillon • Port-Vendres
Climat	de montagne et méditerranéen
Moyens de locomotion	pied, cheval, chariots tirés par des bœufs, voitures attelées, litières
Motifs de la route	stratégique, militaire et commerciale
Fréquentation	soldats romains, marchands, courrier
Littérature	description des voies romaines en Gaule dans la *Géographie* de Strabon

L'itinéraire de la via Domitia
à travers la Gaule narbonnaise suivait en partie le tracé de l'antique voie héracléenne, déjà empruntée par l'armée d'Hannibal en route pour attaquer Rome en 218 avant J.-C..

Au total, 15 000 kilomètres de voies romaines sillonnaient la Gaule sous la forme de réseaux construits en étoile autour des capitales de provinces.

Lorsqu'ils envahirent la Gaule, les Romains trouvèrent un réseau routier déjà bien organisé. Afin de faciliter les déplacements et les échanges commerciaux entre les différentes provinces de l'empire, ils le renforcèrent et l'adaptèrent aux normes des voies romaines, jalonnées de bornes, de relais et de gîtes d'étape. Après la conquête, les soldats romains furent chargés de ces travaux de terrassement qui se poursuivirent jusqu'au IIIe siècle.

Lugdunum (Lyon) constitua le carrefour majeur de tout ce réseau routier qui menait aussi bien à Cologne (route de la Germanie), qu'à l'océan Atlantique, à Saintes (via Agrippa), à Bordeaux (route d'Aquitaine) ou à Boulogne-sur-Mer. À Salon-de-Provence, la via Aurelia prenait le relais de la via Agrippa pour gagner l'Italie en longeant le littoral méditerranéen.

La première des voies romaines en Gaule fut la via Domitia (voie domitienne), débutée en 118 avant Jésus-Christ par le consul Domitius Ahenobarbus afin de relier l'Italie à la Péninsule ibérique dans un but avant tout stratégique. De nombreux vestiges de la via Domitia subsistent, comme le pont Julien sur le Cavalon, des tronçons pavés à Saint-Rémy-de-Provence, Montpellier et Narbonne, des bornes milliaires à Beaucaire ou la porte d'Auguste à Nîmes. C'est grâce à la via Domitia qu'il ne fallut à César que huit jours pour gagner Arles en venant de Rome, et vingt-sept jours pour atteindre l'Hispanie avec toute son armée.

La via Domitia se poursuivait dans la province romaine d'Hispanie sous le nom de « via Augusta ». La jonction se faisait au col de Panissars, dans les Pyrénées. La voie passait par Gérone, Barcelone, Tarragone, Valence, Alicante, Cordoue, Séville et s'achevait à Cadix.

Via Domitia
Via Augusta
GAULE
FRANCE
Empire
Romain
ITALIE
Alpes
Piémont
Provence
Pyrénées
HISPANIE
ESPAGNE
Mare Nostrum
(Mer Méditerranée)
Allier
Loire
Saône
Rhône
Isère
Tarn
Garonne
Lugdunum Lyon
Suse
Col de Montgenèvre
Augusta Taurinorum
Turin
Brigantio Briançon
Rama
La Roche de Rame
Caturigomagus
Chorges
Vapincum Gap
Eburodunum
Embrun
Alabons
Le Monêtier-Allemont
Segustero
Sisteron
Ugernum
Beaucaire
Tarusco
Tarascon
Nemausus
Nîmes
Ambrussum
Villetelle
Cabellio
Cavaillon
Apta Iulia
Apt
Glanum
St-Rémy-de-Provence
Catuiacia
Céreste
Sextantio
Castelnau-le-Lez
Pons Aerarius
Bellegarde
Arelate
Arles
Forum Domitii
Montbazin
étang de Capestang
Baeterrae-Béziers
Oppidum d'Anserune
Narbo Narbonne
Nicaea Nice
Massilia Marseille
Tolosa Toulouse
Salsulae Salses
Ad Centenarium
Maureillas
Ruscino Château-Roussillon
Illiberis Elne
Col de Panissars
Portus Veneris Port-Vendres
La Jonquera
Gerunda Gérone
Gades Cadix
N
O
E
S
À voir
Principale étape
Site naturel
0
25
50
75
100 km

Le Tokaïdo

Type de route terrestre

Point de départ Edo (actuelle Tokyo)

Point d'arrivée Kyoto

Longueur 500 km

Date de création XIe siècle

Apogée ère Edo (1603-1867)

Pays traversé Japon

Étapes importantes Kawasaki • Hakone • Okabe • Nagoya

Climat tempéré, froid et sec l'hiver, chaud et humide l'été

Moyens de locomotion à pied, à cheval, en kago (logette de bambou tressé), en palanquin, en pousse-pousse

Motifs de la route voie de communication, réseau politique et commercial

Fréquentation Daimyô (nobles et grands propriétaires), marchands, pèlerins, moines (bonzes)

Littérature art
- Guides de voyage : *Les grands sites du Tokaïdo*, 1660
- Romans : *Chikusai*, 1620 et *À pied sur le Tokaïdo* de Jippensha Ikku, 1802
- *30 séries d'estampes sur le Tokaïdo*, de Utagawa (ou Andô) Hiroshige, dont *Les 53 étapes du Tokaïdo*, 1833-1834
- Estampes de Katsushika Hokusai dans les *Trente-six vues du Mont Fuji*, vers 1830
- Séries d'estampes de Hiroshige III sur le Tokaïdo et la modernisation de l'ère Meiji, 1875

Aujourd'hui, le Tokaïdo reste l'un des axes majeurs du Japon et le mot désigne le réseau routier et ferroviaire le plus dense du pays, qui relie Tokyo à Kobe en passant par Nagoya et Osaka.

Le pont Yahagi d'Okazaki, par Hokusai (1830)

La route du Tokaïdo fut tracée au XIe siècle, au moment de la mise en place du système centralisé des « cinq provinces et sept circuits ». Le mot *Tokaïdo* désignait alors à la fois la circonscription administrative et la route principale qui la traversait. À la fin du XIIe siècle, les échanges entre Edo (aujourd'hui Tokyo) et Kyoto se multiplièrent et la route qui reliait les deux villes se développa.

Au cours de la période Edo (1603-1867), le Tokaïdo était l'une des cinq voies majeures du Japon. Très fréquentée, la route partait alors du pont Nihonbashi, à Edo, et prenait fin au pont Sanjo-Ohashi, à Kyoto. Elle était en grande partie une route littorale sauf pour certains passages de massifs montagneux.

Le mot *Tokaïdo* désignait au XIe siècle à la fois la circonscription administrative et la route principale qui la traversait.

Le Tokaïdo fut bordé, au XVIIe siècle, de 53 relais distants d'environ 8 kilomètres (4 *ri*). Ces relais comprenaient des auberges, des écuries, des restaurants et des boutiques, c'est-à-dire toute l'infrastructure nécessaire pour passer la nuit, se restaurer et se ravitailler. À ces étapes, des palefreniers, des porteurs et des guides proposaient aussi leurs services aux voyageurs. À deux reprises, il fallait abandonner la terre ferme et embarquer sur des bateaux à voile, d'abord pour passer le lac Hamamatsu puis entre Miya et Kuwana, sur la baie d'Ise. Au XVIIe siècle, un homme à pied mettait deux semaines à parcourir les 53 étapes (500 km) qui séparaient Edo de Kyoto. En 1952, fut inaugurée la route Nationale 1 entre Tokyo et Osaka, qui suivait à peu près le tracé initial du Tokaïdo de la période Edo.

Mer du Japon
Baie de Toyama
JAPON
Honshu
Hitachi
Matsumoto
Fukui
Alpes Japonaises
Baie de Wakasa
Fuji gawa
Tenryu gawa
Edo Tokyo
Choshi
Kawasaki
Golfe de Tokyo
Mt Fuji Yama
Lac Biwa
Fujisawa
Odawara
Kambara
Hara
Okitsu
Hakone
Mishima
Baie de Sagami
Numazu
Okabe
Nagoya
Kuwana
Otsu
Ishibe
Kyoto
Fujikawa
Okazaki
Atsuta (Miya)
Fujieda
Baie de Suruga
Minakuchi
Sakanoshita
Goyu
Nissaka
Kanaya
Baie d'Ise
Shirasuka
Maisaka
Hamamatsu
Kobe
Osaka
Baie d'Osaka
Matsusaka
Massif de Kii
Shikoku
N
O
E
S
OCÉAN PACIFIQUE
0
50
100
150
200 km
À voir
Temple
Site naturel

Le Qhapaq Nan: la grande route inca

Type de route	terrestre, économique et politique
Point de départ	Pasto (Colombie)
Point d'arrivée	Santiago (Chili)
Longueur	6 000 km
Date de création	XIIIe siècle, début de l'Empire inca
Apogée	XIVe-XVIe siècles
Déclin	XVIe siècle, arrivée des Conquistadores
Pays traversés	Colombie, Équateur, Pérou, Bolivie, Argentine, Chili
Étapes importantes	Quito • Cuenca • Trujillo • Lima • Nazca • Machu Picchu • Cuzco • Titicaca • La Paz • Las Parinas • Mendoza
Climat	Équateur, Colombie, Chili: pluvieux Pérou, Bolivie: sec et frais
Moyen de locomotion	à pied
Motifs de la route	courrier, produits agricoles
Fréquentation	coursiers, paysans, marchands, soldats, pèlerins

Le Chemin principal andin est l'œuvre de la civilisation inca. Il a permis d'unifier politiquement un empire immense et hétérogène, en reliant les régions habitées aux contrées agricoles et minières, les centres administratifs aux centres économiques et religieux. Le chemin, doté d'un système de relais, était sans cesse parcouru par des coursiers à pied, les «Chasquis». L'information circulait ainsi rapidement d'un bout à l'autre de l'Empire. Cette route constituait la colonne vertébrale de l'Empire inca.

L'empereur pouvait facilement contrôler son territoire, envoyer son armée d'un point à un autre et se déplacer lui-même rapidement depuis Cuzco, sa capitale. Lorsqu'il l'empruntait, accompagné de sa cour, porté sur un palanquin décoré d'or et d'argent, la route était soigneusement balayée et couverte de pétales de fleurs.

Cette route constituait la colonne vertébrale de l'Empire inca.

À la route principale s'ajoutait tout un réseau secondaire transversal, qui reliait l'axe principal à la côte pacifique et au bassin amazonien, soit environ 45 000 km de sentiers au total! Véritable prouesse technique, le chemin principal, en grande partie pavé, mesurait jusqu'à 20 mètres de large. Des escaliers de pierre permettaient d'atteindre les zones escarpées, des ponts de traverser les cours d'eau, des canaux de drainer l'eau, d'étroits passages de longer les falaises. Tout le long de la route étaient construits des postes de relais, des forts et des auberges.

La chute de l'Empire inca, à l'arrivée des conquistadores, a marqué la fin de l'entretien de la route. Les six pays qu'elle traverse tentent aujourd'hui de la faire inscrire au Patrimoine mondial de l'Unesco afin de protéger les vestiges de l'Empire inca, comme, par exemple, 60 km de chemin pavé en altitude (à 4 350 m) pour atteindre le site archéologique d'Ingapirca, en Équateur, ou les 40 km du «chemin de l'Inca», une voie secondaire qui mène au site du Machu Picchu, au Pérou.

VENEZUELA
Bogota
COLOMBIE
SURINAME
Guyane (FR)
Cayenne
GUYANA
Pasto
Quito
ÉQUATEUR
Juparas
OCÉAN ATLANTIQUE
N
O
E
S
Belem
Amazone
Manaus
Cuenca
Iquitos
Amazone
Fortaleza
Amazonie
PÉROU
BRÉSIL
Trujillo
La Montaña
Ucayali
Madeira
Porto Velho
Recife
Cordillère des Andes
Lima
Machu Picchu
Cuzco
Nazca
Salvador
Titicaca
BOLIVIE
Brasilia
La Paz
Plateau de Bolivie
Arica
Atacama
Belo Horizonte
OCÉAN PACIFIQUE
Gran Chaco
PARAGUAY
Rio de Janeiro
Antofagasta
Sao Paulo
Salta
Asuncion
CHILI
Las Parinas
Paraguay
Uruguay
ARGENTINE
Pampa
Porto Alegre
Valparaiso
Mendoza
URUGUAY
0
250
500
750
1000 km
Santiago
Buenos Aires
Montevideo

La route transatlantique

Type de route	maritime
Point de départ	Palos de la Frontera (Huelva, Espagne)
Point d'arrivée	Guanahani, île des Bahamas (San Salvador)
Date de création	départ : 3 août 1492
Océan traversé	Atlantique
Étapes importantes	Canaries (Las Palmas de Gran Canaria), mer des Sargasses
Climat	océanique
Moyens de locomotion	bateaux, caraque *Santa Maria* et 2 caravelles : *La Pinta* et *La Niña*
Motif de la route	exploration
Fréquentation	Christophe Colomb, les frères Pinzon, 90 hommes d'équipage

La route maritime ouverte par Christophe Colomb sert aux paquebots et aux courses de voile comme la transat Jacques Vabre (ci-dessous).

À la fin du XVe siècle, l'horizon du monde s'élargit et les îles Canaries et celles du Cap Vert, attribuées, les premières à l'Espagne, les secondes au Portugal, servirent de base à des navigateurs audacieux. Parmi eux, le Gênois Christophe Colomb était persuadé, après avoir attentivement étudié les cartes de l'époque, qu'en partant vers l'Ouest, il trouverait une route plus courte pour atteindre les Indes… et leurs épices, sources de fortune ! Son projet fut soutenu par les Rois Catholiques Ferdinand d'Aragon et Isabelle de Castille qui le nommèrent amiral, vice-roi des Indes et gouverneur général des îles et terres fermes qu'il découvrirait.

Colomb partit en 1492 et atteignit d'abord les îles des Bahamas puis Cuba et Hispaniola (Haïti), qu'il crut être les Indes. Il accomplit quatre voyages au cours desquels il explora les îles et les côtes d'Amérique centrale. Il fut donc le premier navigateur à tracer une route maritime entre le continent américain et l'Europe. Et le premier à laisser des traces de sa traversée transatlantique : écrits autobiographiques, témoignages de ses contemporains, preuves matérielles. Mais, jusqu'à sa mort, Christophe Colomb resta persuadé d'avoir atteint l'Extrême-Orient. C'est son ami Amerigo Vespucci qui découvrit que les terres abordées par Colomb étaient un Nouveau Monde, et fut à l'origine de son nom « Amérique ».

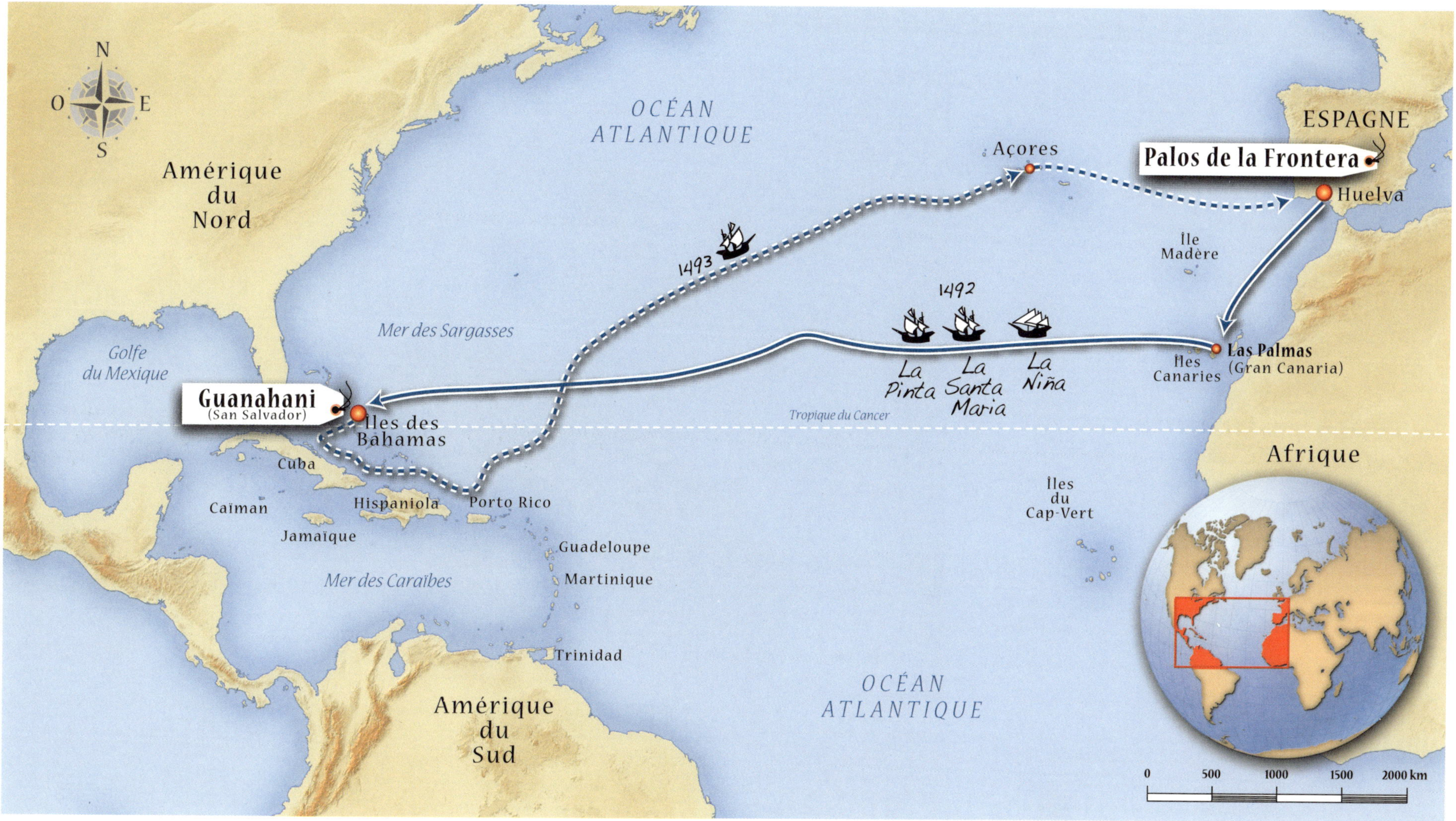

Le premier service transatlantique régulier est créé entre Liverpool et New York, en 1838. Deux ans plus tard, de grandes compagnies se créent en Europe, qui proposent une liaison régulière, à la fois postale et commerciale, avec les colonies. En France, la Compagnie générale maritime, future Compagnie générale transatlantique, est fondée en 1855 par les frères Pereire, à Granville. Une convention postale signée avec l'État l'oblige à desservir plusieurs lignes transatlantiques, en transportant à la fois des passagers et du courrier. La première traversée vers les Antilles et le Mexique a lieu en 1862 et la ligne New York-Le Havre est inaugurée en 1864. Mais, avec l'apparition des vols transatlantiques au XXe siècle, les paquebots perdent leurs clients au profit des avions, nettement plus rapides.

La route du Rhum est une transat en solitaire qui part de Saint-Malo et arrive à Pointe-à-Pitre, en Guadeloupe.

Dès l'ouverture des lignes transatlantiques régulières, les paquebots se lancent dans une course à la vitesse, un Ruban bleu étant attribué au bateau qui effectue la traversée la plus rapide. De fait, grâce à l'apparition de la vapeur et des hélices, la durée du trajet s'est réduite d'année en année. Ainsi, s'il fallait compter vingt-cinq jours de voyage au début du XIXe siècle, quinze jours suffisaient en 1838, puis seulement sept en 1886. Les records s'enchaînent !
À la même époque, l'Atlantique attire également les navigateurs sportifs qui se lancent en solitaire sur l'océan. Alfred Johnson est le premier à réussir cette traversée en 1876 sur un doris. Aujourd'hui, les courses transatlantiques qui traversent l'océan sans escale sont nombreuses. Parmi elles, la route du Rhum est une transat en solitaire qui part de Saint-Malo et arrive à Pointe-à-Pitre, en Guadeloupe. Elle a lieu tous les quatre ans depuis 1978 et attire les meilleurs skippeurs du monde de la voile.

Le tour du monde de Magellan

Le détroit de Magellan - 600 km de longueur - est une voie maritime qui sépare la Patagonie de la Terre de Feu. Il est entouré de glaciers et abrite de nombreuses espèces d'oiseaux, en particulier une colonie impressionnante de cormorans.

Type de route	maritime
Point de départ et point d'arrivée	Sanlucar de Barrameda (Andalousie)
Date de départ	20 septembre 1519
Date de retour	6 septembre 1522
Continents abordés	Amérique, Asie, Afrique, Europe
Étapes importantes	îles Canaries • Santa Lucia (Rio de Janeiro) • baie de San Julian en Patagonie • cap Virgenes (Terre de Feu) • îles Marianne • Philippines (Homonhon, Limasawa, Cebu, Mactan) • Palawan • Brunei • îles Moluques • cap de Bonne-Espérance • îles du Cap Vert
Moyen de locomotion	5 nefs : *la Trinidad* (arraisonné par les Portugais), *le San Antonio* (déserte dans le détroit de Magellan et rentre à Séville avec 55 hommes à bord), *la Conception* (brûlée devant île de Bohol par manque d'équipage), *le Santiago* (naufragé en Patagonie), *la Victoria*
Motifs de la route	ouvrir une nouvelle route des épices, exploration, cartographie
Fréquentation	Magellan, Francis Drake (1580)
Littérature	• *Premier voyage autour du Monde*, voyage relaté par Antonio Pigafetta, ambassadeur du pape Léon X et l'un des survivants, 1525. • *Chronique* de Antonio de Herrera y Tordesillas, 1601.

Le navigateur portugais Fernand de Magellan rêvait de contourner le Nouveau Monde découvert par Christophe Colomb pour atteindre l'île aux épices par l'Ouest. Le roi du Portugal ayant refusé de soutenir son projet, Magellan se tourna vers l'Espagne. À 18 ans, le jeune Charles Quint accepta de financer l'expédition dans l'espoir que Magellan réussirait à rejoindre les Moluques pour se fournir en épices et à dresser des cartes précises des possessions espagnoles et portugaises départagées par le traité de Tordesillas en 1494. Mais, jamais il ne fut question de faire le tour du monde.

Magellan atteignit en deux mois le Brésil dont il longea les côtes vers le sud, jusqu'à la Patagonie, où il découvrit le détroit qui porte son nom. Mais il lui fallut plus d'un mois pour le passer. Enfin, il parvint dans des eaux calmes, qu'il nomma « Pacifique ». Après trois mois et demi de navigation, il découvrit les îles Mariannes puis les Philippines, où Magellan fut tué en voulant combattre un chef local. L'expédition poursuivit sa route et atteignit enfin les Moluques le 8 novembre 1521, où l'équipage écoula les marchandises embarquées en Espagne et acheta des clous de girofle en quantité. Une voie d'eau obligea *la Trinidad* à réparer sur place tandis que *la Victoria* repartait sous le commandement de Juan Sebastian El Cano. Le bateau passa le cap de Bonne-Espérance, longea les côtes africaines et arriva le 6 septembre 1522 à Sanlucar, presque trois ans après son départ, bouclant le premier tour du monde de l'Histoire. Le retentissement fut considérable en Europe.

Dès l'exploration des côtes brésiliennes, l'ambiance à bord tourna à la discorde. Au cours de l'hiver en Patagonie, Magellan dut faire face successivement à une mutinerie, sévèrement réprimée, un naufrage, quand le *Santiago* s'échoua en explorant une baie, et une défection, celle du *San Antonio*, dont le pilote préféra faire demi-tour et rentrer en Espagne. Ensuite, le manque de vivres et d'eau potable obligea les hommes à manger des biscuits pleins de vers et imbibés d'urine de rat, et à boire une eau saumâtre. Beaucoup succombèrent au scorbut ou à d'autres maladies, d'autres furent retenus prisonniers par les Portugais et, sur 265 hommes embarqués, seuls 18 rentrèrent au port.

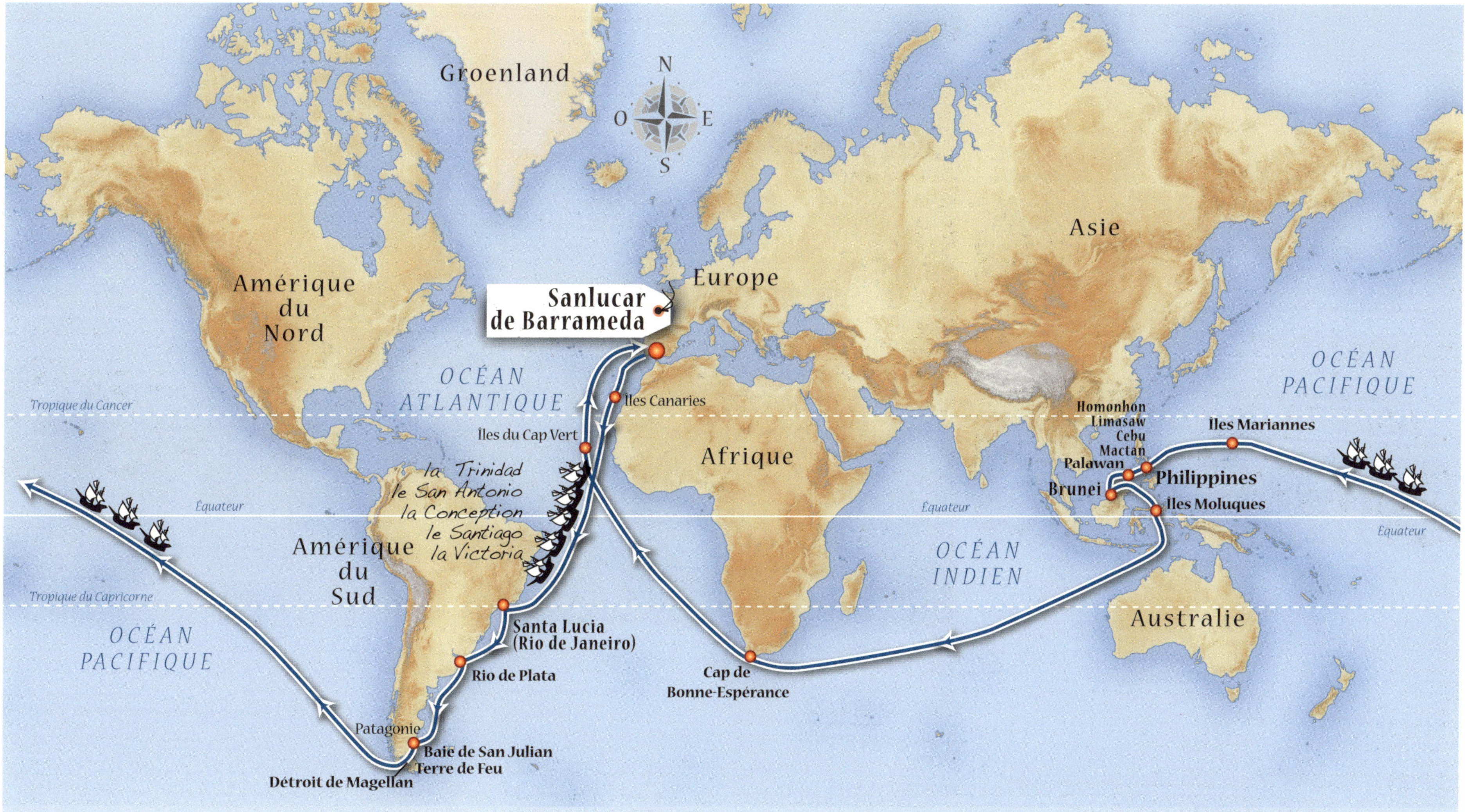

De nombreux navigateurs se sont lancés sur les traces de Magellan. Le Vendée Globe est une course de voile en solitaire, un tour du monde sans escale et sans assistance. Cette grande aventure sportive est née en 1989 à l'initiative de Philippe Jeantot, vainqueur du BOC Challenge, un tour du monde avec escales, qui voulait pousser l'aventure encore plus loin! Huit portes jalonnent ce parcours de 24 000 milles: Atlantique, Kerguelen, île Heard, Nouvelle-Zélande, Ouest et Est Pacifique définies pour éviter les risques de rencontre avec des icebergs, Ouest et Est Australie, définies pour éviter un trop grand éloignement des côtes. Le Vendée Globe part tous les quatre ans des Sables d'Olonne.

Ancienne vallée glaciaire, le détroit de Magellan reste difficile d'accès en raison de son étroitesse et de la rigueur de son climat.

Le Grand Trunk Road

Type de route	terrestre
Point de départ	Peshawar
Point d'arrivée	Sonargaon (Bengale occidental)
Longueur	2600 km
Date de création	1545
Pays traversés	Inde, Pakistan
Étapes importantes	Allahabad • Agra • Mathura • Delhi• Amritsar • Lahore
Climat	tropical plutôt sec
Moyens de locomotion	tous
Motifs de la route	stratégique et commerciale
Fréquentation	commerçants, soldats, postiers, envahisseurs, colons, réfugiés indiens et pakistanais
Littérature cinéma	*Kim*, roman de Ruydard Kipling, 1901, adapté au cinéma par Victor Saville, 1950.

En 1545, Sher Shâh Sûrî, 3e Padishah (empereur) de l'Inde, créa un réseau routier destiné à faciliter le gouvernement civil et militaire de son vaste empire. Ayant fait construire une route au nord de l'Inde, qui reliait sa capitale, Agra, à sa résidence de Sasaram, il la fit prolonger vers l'ouest et vers l'est pour atteindre Multan et Sonargaon. Ses successeurs la poursuivirent ensuite jusqu'à Kaboul, en Afghanistan. Cette voie, dite *Sadak-e-Azam*, qui signifie « Grande route », et surnommée *la Grande Marche* par les Occidentaux, est l'ancêtre du Grand Trunk Road d'aujourd'hui.
Au fil du temps, cette route sûre devint l'un des principaux axes commerciaux de cette région d'Asie.
Grâce à elle, le courrier fut distribué rapidement dans l'empire moghol. Des caravansérails édifiés tout le long de son tracé servaient d'étapes et de relais de poste. Les arbres plantés sur les bas-côtés fournissaient une ombre appréciable aux voyageurs et à leurs montures.

Au fil du temps, cette route, communément appelée GT Road, est devenue l'un des principaux axes commerciaux de cette région.

Cette route favorisa aussi les invasions. Les Perses et les Afghans puis les troupes britanniques l'empruntèrent. Pendant la colonisation de l'Inde, les Britanniques prolongèrent cette route de Calcutta à Peshawar et la renommèrent le « Grand Trunk Road ». En 1947, au moment de la partition de l'Inde, 15 millions de réfugiés pakistanais et indiens se croisèrent sur cette route pour changer de pays, et de nombreux incidents éclatèrent alors.

Le Grand Trunk Road est la plus ancienne et la plus longue route d'Asie du Sud. Aujourd'hui, elle reste la principale artère de l'Inde et du Pakistan et se prolonge depuis Calcutta jusqu'à Kaboul via Jalalabad. En Inde, son tracé correspond à des routes nationales : la NH (National Highway) 2, qui va de Calcutta à Kanpur, la NH 91, de Kanpur à Delhi et la NH 1, de Delhi à Wagah. Au Pakistan, elle suit en partie la route N 5.

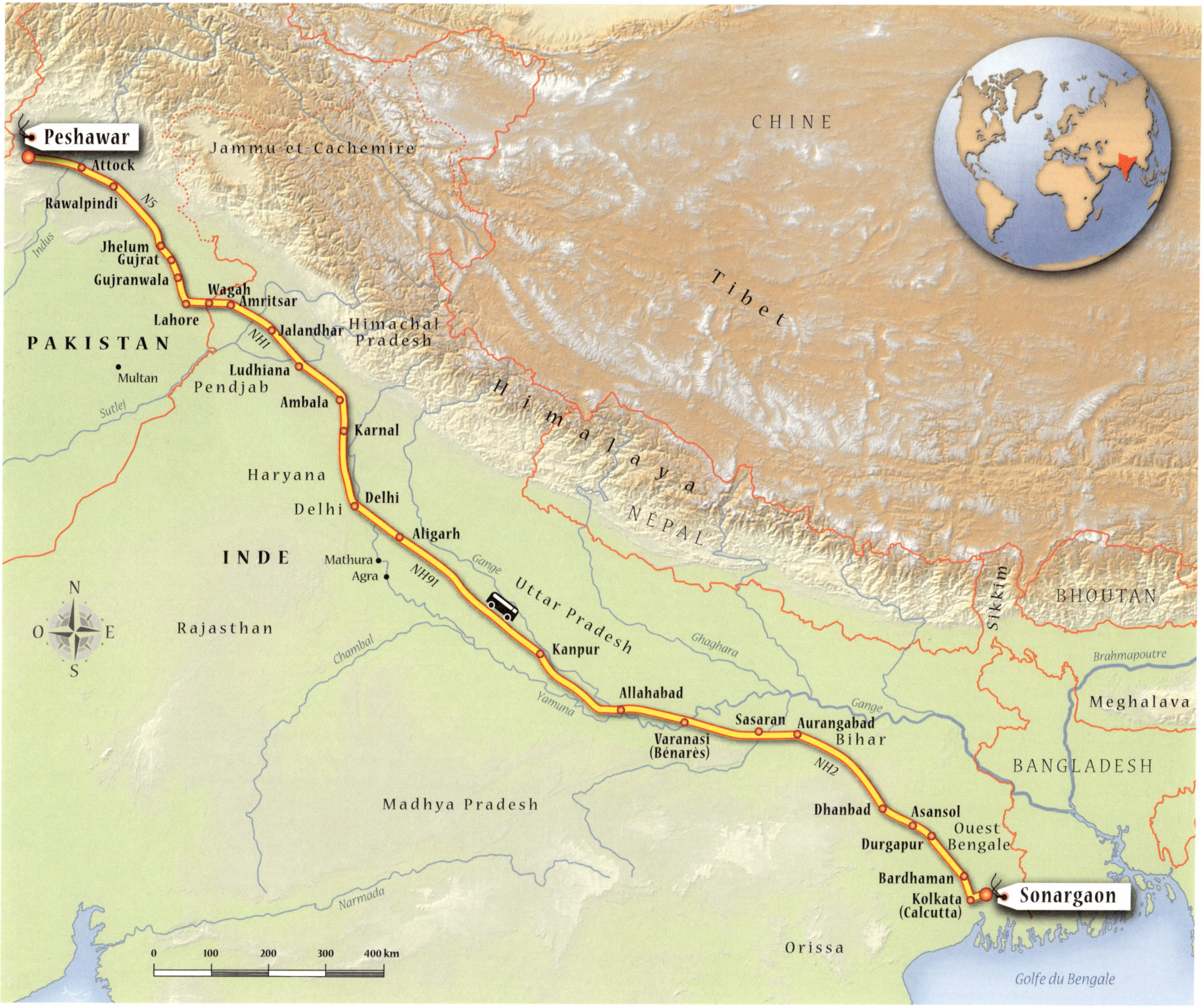

Peshawar
Attock
Rawalpindi
N5
Indus
Jhelum
Gujrat
Gujranwala
Wagah
Amritsar
Lahore
PAKISTAN
Multan
Sutlej
Pendjab
NH1
Jalandhar
Ludhiana
Ambala
Karnal
Haryana
Delhi
Delhi
Aligarh
INDE
Mathura
Agra
NH91
Gange
Uttar Pradesh
Rajasthan
Chambal
Kanpur
Yamuna
Allahabad
Varanasi
(Bénarès)
Sasaran
Aurangabad
Bihar
NH2
Madhya Pradesh
Narmada
Dhanbad
Asansol
Durgapur
Ouest
Bengale
Bardhaman
Kolkata
(Calcutta)
Sonargaon
Orissa
Golfe du Bengale
Jammu-et-Cachemire
Himachal
Pradesh
CHINE
Tibet
Himalaya
NÉPAL
Ghaghara
Gange
Sikkim
BHOUTAN
Brahmapoutre
Meghalava
BANGLADESH
N
O
E
S
0
100
200
300
400 km

La Route des esclaves

Type de route	maritime
Point de départ	**Europe :** Provinces-Unies, France, Angleterre, Portugal Ports : Nantes, La Rochelle, Le Havre, Bordeaux, Saint-Malo, Londres, Bristol, Liverpool, Amsterdam, Lisbonne…
Point d'arrivée	Antilles, Saint-Domingue, Jamaïque, côtes d'Amérique du Nord et du Sud (Brésil)
Longueur	environ 10 000 km
Date de création	XVIe siècle
Apogée	fin XVIIIe, début XIXe siècle
Déclin	à partir de 1848, décret d'abolition de l'esclavage
Océan traversé	Atlantique
Étapes importantes	**Côtes de l'Afrique occidentale :** Bénin • Congo • Angola • Niger • Sierra Leone • golfe de Guinée…
Climat	océanique
Moyen de locomotion	bateaux de commerce transformés en navires négriers avec l'ajout d'entreponts lors des escales en Afrique
Motifs de la route	**D'Europe vers l'Afrique :** armes, alcool, tissus, pacotilles **D'Afrique vers l'Amérique (« Passage du Milieu ») :** esclaves hommes, femmes et enfants **D'Amérique vers l'Europe :** café, sucre, tabac, coton, cacao, épices, rhum…
Fréquentation	esclaves, armateurs, marchands d'esclaves

Le long des actuels États du Ghana, du Togo, du Bénin et du Nigeria, la « côte des esclaves » se spécialise dans ce commerce et voit fleurir des villes-comptoirs. L'une d'elle, Ouidah, au royaume du Dahomey, devint l'un des principaux ports d'embarquement d'esclaves en Afrique de l'Ouest, du XVIIe au XIXe siècle.

Le commerce triangulaire fut à l'origine de la multiplication des razzias menées par les marchands d'esclaves africains pour fournir les Européens. Tableau anonyme de 1859.

L'esclavage existait déjà dans l'Antiquité et au Moyen Âge. Mais, à partir du XVIe siècle, l'expansion européenne et la création des colonies de plantation donnèrent naissance à une traite transatlantique qui dura quatre cents ans et toucha des millions d'hommes, de femmes et d'enfants noirs africains. Ce trafic se fit sous la forme d'un commerce triangulaire. Des négociants anglais, portugais, français ou hollandais quittaient les ports d'Europe pour les côtes africaines où ils achetaient des esclaves qu'ils revendaient ensuite dans les colonies d'Amérique et des Antilles. Là, ils se fournissaient en sucre, café, coton, cacao, tabac, rhum, avant de regagner l'Europe.

À l'origine, les esclaves étaient des prisonniers de guerre. Mais, avec l'arrivée des acheteurs européens, les marchands d'esclaves africains organisèrent des razzias à grande échelle. Les esclaves étaient ensuite troqués contre des étoffes (cotonnades imprimées), des armes (canons, fusils), de l'alcool, du tabac, des miroirs, des chapeaux, des perles de verre…

En 1994, l'Unesco décide de briser le silence qui régne autour de la traite des Noirs et de l'esclavage en créant une « Route de l'esclave » internationale. Il s'agit surtout de faire connaître les causes, le fonctionnement et les conséquences de l'esclavage et de mettre en lumière les interactions culturelles qui en sont nées. Ce projet permet de retracer certains des chemins parcourus par les esclaves sur le sol africain avant leur embarquement pour les colonies.

La Route de l'esclave est lancée à Ouidah, au Bénin, où l'on peut encore parcourir le chemin de terre qu'empruntaient autrefois les esclaves. Chacune des étapes de ce trajet évoque les épreuves endurées, ce qui en fait un itinéraire de mémoire incontournable. Une fois vendus sur la place des Enchères, les esclaves étaient marqués au fer rouge, enchaînés au cou et aux mains. Conduits à l'arbre de l'oubli, ils devaient en faire plusieurs fois le tour, au cours d'un rituel censé leur faire perdre leur identité. Puis, ils restaient parqués plusieurs mois dans de petites cases « zomaï », plongés dans une totale obscurité. Les morts étaient enterrés dans une fosse commune au-dessus de laquelle s'élève aujourd'hui un Mémorial du souvenir. Une fois les tractations achevées, les esclaves passaient la porte du Non-Retour, pour être embarqués sur un bateau négrier aux cales spécialement aménagées pour leur transport jusqu'en Amérique et aux Antilles, où débutait leur vie d'esclave.

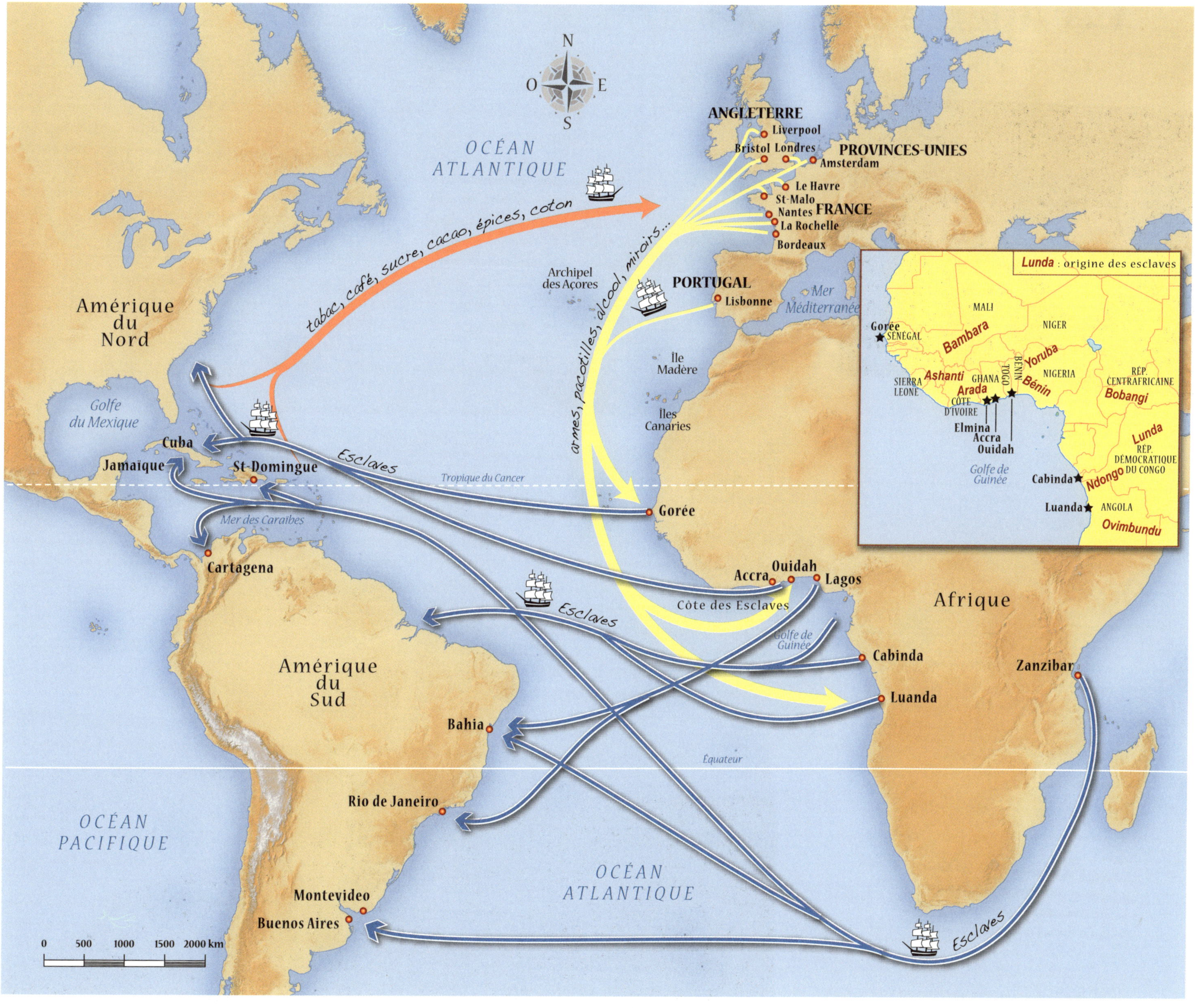
N
O
E
S
OCÉAN ATLANTIQUE
ANGLETERRE
Liverpool
Bristol
Londres
PROVINCES-UNIES
Amsterdam
Le Havre
St-Malo
FRANCE
Nantes
La Rochelle
Bordeaux
PORTUGAL
Lisbonne
Mer Méditerranée
Archipel des Açores
Île Madère
Îles Canaries
tabac, café, sucre, cacao, épices, coton
armes, pacotilles, alcool, miroirs...
Amérique du Nord
Golfe du Mexique
Cuba
Jamaïque
St-Domingue
Esclaves
Tropique du Cancer
Mer des Caraïbes
Cartagena
Gorée
Accra
Ouidah
Lagos
Côte des Esclaves
Golfe de Guinée
Cabinda
Luanda
Afrique
Zanzibar
Amérique du Sud
Bahia
Équateur
Rio de Janeiro
OCÉAN PACIFIQUE
OCÉAN ATLANTIQUE
Montevideo
Buenos Aires
0 500 1000 1500 2000 km
Lunda : origine des esclaves
MALI
NIGER
Gorée
SÉNÉGAL
Bambara
Yoruba
BÉNIN
TOGO
SIERRA LEONE
Ashanti
GHANA
Arada
Bénin
NIGERIA
RÉP. CENTRAFRICAINE
Bobangi
CÔTE D'IVOIRE
Elmina
Accra
Ouidah
Lunda
Golfe de Guinée
Cabinda
Ndongo
RÉP. DÉMOCRATIQUE DU CONGO
Luanda
ANGOLA
Ovimbundu

L'itinéraire de La Pérouse

Type de route	maritime
Point de départ	Brest
Point d'arrivée	Vanikoro (archipel des Salomon)
Longueur	environ 50 000 milles nautiques
Date de départ	1er août 1785
Fin du périple	disparition : mars 1788
Pays traversés	Amérique du Sud (Chili), Amérique du Nord (Alaska), Chine, Japon, Russie, Australie (Nouvelle-Hollande)
Étapes importantes	Conception (Chili) • île de Pâques • Hawaï • Port des Français (auj. Lituya Bay, Alaska) • Monterey • Macao • Cavite (baie de Manille aux Philippines • Petropavlovsk • Botany Bay (Australie)
Climats	océanique, polaire, tropical
Moyens de locomotion	2 frégates : l'*Astrolabe* et la *Boussole*
Motifs de la route	expédition de découverte et de cartographie, mission scientifique
Fréquentation	La Pérouse, capitaine Fleuriot de Langle, 200 hommes d'équipage et 15 savants
Littérature	journal de bord de La Pérouse

À la fin du XVIIIe siècle, l'océan Pacifique attirait les navigateurs qui rêvaient de nouvelles découvertes. À l'initiative du comte de Fleurieu, navigateur et cartographe, le roi Louis XVI et son ministre de la Marine décidèrent de lancer une expédition de circumnavigation dans le Pacifique. Le roi en rédigea lui-même le cahier des charges : redessiner les cartes existantes, noter la présence européenne dans ces régions, repérer un lieu propice au commerce des fourrures en Alaska et recueillir le maximum d'informations scientifiques sur les terres abordées et leurs habitants. Le commandement de cette mission fut confié à Jean-François Galaup de La Pérouse. L'homme était à la fois bon marin et doté de qualités humaines exceptionnelles, capable d'entretenir de bonnes relations avec les Indiens. Lors de la guerre d'indépendance américaine, en 1782, il avait brillamment réussi à détruire deux forts anglais dans la baie d'Hudson mais n'avait quitté les lieux qu'après avoir fourni de l'eau et du ravitaillement aux garnisons vaincues.

Grâce à des mesures prises avec des sondes et des calculs précis mêlant hydrographie, astronomie et géographie, La Pérouse fournit les premières cartes de la mer de Chine, du Japon et des côtes de Tartarie.

Après sept mois de préparatifs, deux frégates prirent la mer avec deux cent vingt-deux hommes à bord : la *Boussole*, commandée par La Pérouse, et l'*Astrolabe*, sous les ordres du capitaine Fleuriot de Langle. Quinze savants embarquèrent pour mener des études scientifiques (zoologie, botanique, minéralogie...), le premier objectif restant la cartographie. Très vite, pourtant, la cohabitation fut tendue et la communication difficile entre marins et scientifiques.

La Pérouse suivit le plan de route remis par Louis XVI et sillonna le Pacifique dans son intégralité, depuis l'Alaska jusqu'en Australie, en passant par la mer du Japon, la Micronésie et la Nouvelle-Zélande. Le navigateur resta environ deux ans dans le Pacifique Est et autant dans le Pacifique Ouest et Sud. Il relata son périple au jour le jour dans un journal de bord, dont il remit des copies aux savants débarqués en cours de route. Grâce à cette sage précaution, l'expédition fut connue dans ses moindres détails jusqu'à l'escale australienne.

Au début du mois de mars 1788, les frégates quittèrent Botany Bay, en Australie pour gagner le Pacifique Sud. C'est là qu'on perdit la trace des deux navires. Quarante ans plus tard, on découvrit qu'ils avaient fait naufrage sur les récifs de l'île de Vanikoro, au sud de l'archipel des Salomon. L'expédition permit de grandes avancées sur le plan cartographique.

Sur l'île de Pâques, les scientifiques de l'expédition s'intéressèrent aux moaïs, ces statues monumentales qui tournent le dos à l'océan.

N
O
E
S
Groenland
Sibérie
Alaska
Port des Français
(Lituya Bay)
Amérique
du
Nord
Kamtchatka
Petropavlovsk
Tartarie
Asie
OCÉAN
PACIFIQUE
CANADA
Vancouver
Europe
Brest
FRANCE
ÉTATS-UNIS
Monterrey
CORÉE
Mer du Japon
JAPON
OCÉAN
ATLANTIQUE
Ténérife
Îles Canaries
Formose
TAÏWAN
Macao
Tropique du Cancer
Archipel
de Hawaï
Cavite
PHILIPPINES
Îles du
Cap Vert
Afrique
Micronésie
Equateur
Equateur
Archipel
des Salomon
Vanikoro
naufrage
Tutuila
Îles des Samoa
Polynésie
Amérique
du
Sud
la Boussole
l'Astrolabe
AUSTRALIE
Tropique du Capricorne
BRÉSIL
Île de Pâques
Île de Sainte-Catherine
Botany Bay
NOUVELLE-
ZÉLANDE
Concepcion
CHILI
OCÉAN
PACIFIQUE
OCÉAN
ATLANTIQUE
OCÉAN
INDIEN
Patagonie
Cap Horn

La route Napoléon

Type de route	terrestre
Point de départ	Golfe-Juan
Point d'arrivée	Grenoble
Longueur	324 km
Date de création	1815
Apogée	XXe siècle (baptisée route Napoléon en 1932)
Déclin	1972, déclassement de la RN 85
Régions traversées	Provence-Alpes-Côtes d'Azur, Rhône-Alpes
Étapes importantes	Cannes • Mougins • Grasse • Senez • Digne-les-Bains • Sisteron • Gap • Corps • La Mure • Vizille
Climats	méditerranéen, continental
Moyens de locomotion	à pied et à cheval
Motif de la route	conquête politique
Fréquentation	Napoléon et son armée
Cinéma	*La Route Napoléon*, film de Jean Delannoy, 1953

En 1814, Napoléon Ier est vaincu par les puissances européennes et exilé sur l'île d'Elbe. Mais, très vite, il organise secrètement son retour en France. Parti de l'île d'Elbe le 26 février 1815, avec plus de mille hommes, Napoléon débarque à Golfe-Juan le 1er mars sous les yeux des douaniers français interloqués. C'est le point de départ de l'épopée des Cent-Jours qui s'achève le 18 juin 1815 par la défaite de l'empereur à Waterloo.

Le général Cambronne, qui commande l'avant-garde, a reçu de Napoléon l'ordre de ne pas tirer un seul coup de feu. Recommandation inutile car les soldats envoyés pour combattre Napoléon préfèrent rejoindre son armée. La tradition raconte comment, à Laffrey, près de Grenoble, surnommée la « prairie de la rencontre », Bonaparte se place face aux soldats royalistes du 5e régiment d'infanterie en criant : « Reconnaissez votre empereur ! S'il en est un qui veut me tuer, me voilà ! » Le régiment tout entier se rallie à lui. Pour gagner la capitale, Napoléon a décidé de suivre la vallée de la Durance et de passer par les Alpes afin d'éviter les villes de garnison. Napoléon atteint Grenoble en six jours. Vingt jours après avoir débarqué, il arrive à Paris et reprend le pouvoir.

En 1909, est créée la Nationale 85, une route qui reprend en grande

La route que choisit Napoléon, débutée sous l'Empire, est alors inachevée. Il lui faut donc emprunter souvent des sentiers muletiers, ce qui ralentit la marche.

partie l'itinéraire de l'épopée napoléonienne. La route est goudronnée en 1927, puis baptisée « route Napoléon » en 1932. Depuis 1969, une association (l'Anern, Action Nationale des Élus de la Route Napoléon) veille à la défense et à la promotion de la route Napoléon signalée par un aigle, emblème de l'empire au temps de sa gloire.

Le circuit des champs de bataille de Verdun

Fleury-devant-Douaumont fait partie des neuf villages «morts pour la France». Une chapelle marque l'emplacement du village détruit.

Type de route	terrestre
Point de départ	Bras-sur-Meuse
Point d'arrivée	Bras-sur-Meuse
Longueur	40 km
Date de création	1933
Pays traversé	France, champs de bataille de la Meuse
Étapes importantes	Louvemont • Ornes • Bezonvaux • Vaux devant Damloup • fort de Vaux • Ossuaire de Douaumont • fort et village de Douaumont • Tranchée des baïonnettes
Climat	tempéré
Moyens de locomotion	voiture, vélo
Motif de la route	circuit de mémoire
Fréquentation	touristes

La Meuse fut au cœur des combats pendant la guerre de 1914-1918. Une ligne de front de 120 km s'y établit près de Verdun dès septembre 1914. Les armées s'enterrèrent dans un réseau de tranchées. Puis, pendant les cinquante-deux mois que dura la guerre dans la Meuse, bombes et obus redessinèrent le paysage, rasant des villages et creusant des cratères. Au total, près de 20000 hectares ravagés par la guerre ont été classés en «zone rouge» afin de préserver la mémoire des lieux.

Le 21 février 1916, les Allemands lancèrent une vaste offensive sur le fort de Douaumont pour faire tomber Verdun et bombardèrent, 300 jours durant, les positions françaises. Ce fut «l'enfer de Verdun», auquel furent confrontés les trois-quarts des combattants français et qui fit 300000 morts dans les deux camps. Seule route encore accessible, «la voie sacrée» entre Bar-le-Duc et Verdun permit d'amener chaque jour 13000 soldats, 6500 tonnes de matériel et 1500 tonnes de ravitaillement au front. Au plus fort du conflit, un camion s'y engageait toutes les quatorze secondes.

Près de 20000 hectares ravagés ont été classés en zone rouge afin de préserver la mémoire de ces lieux de bataille.

La route nationale 403 fut créée en 1933 pour faciliter le tourisme qui se développait autour des lieux historiques de la bataille de Verdun et relier les lieux de mémoire et les monuments érigés. À l'origine, ce parcours de 13 km partait de Bras-sur-Meuse, passait par la nécropole de Douaumont et s'achevait à Bellevue. En 1973, la RN403, déclassée, devint la D913. Un nouveau circuit dessert cinq des neuf villages «morts pour la France», plusieurs forts, certains lieux de bataille (tranchée des Baïonnettes, musée de Plein Air du champ de bataille de Verdun), des cimetières militaires et l'ossuaire de Douaumont, où reposent les corps de 130000 soldats français et allemands tués à Verdun et non identifiés.

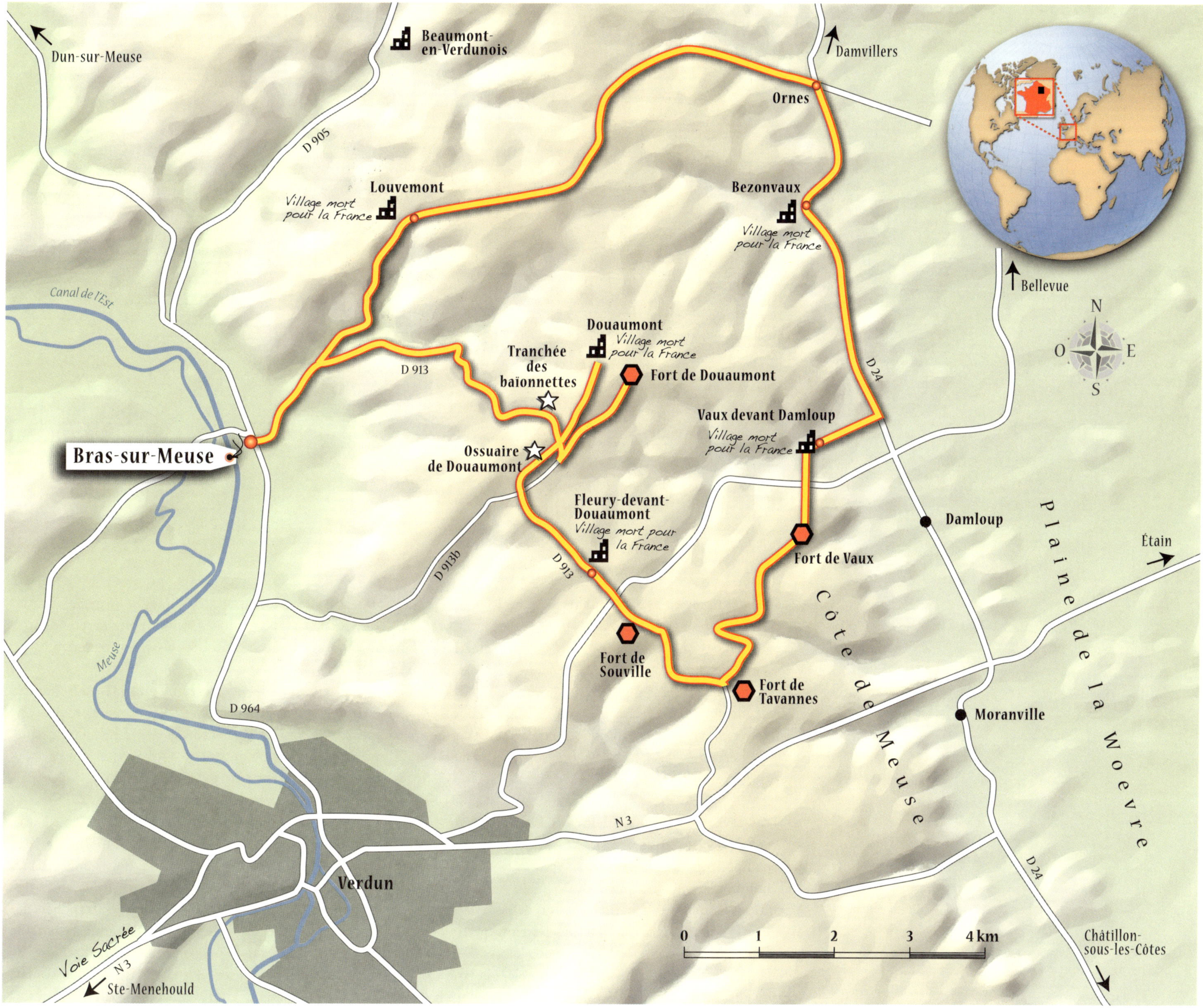
Dun-sur-Meuse
Beaumont-en-Verdunois
Damvillers
Ornes
D 905
Louvemont
Village mort pour la France
Bezonvaux
Village mort pour la France
Bellevue
Canal de l'Est
Douaumont
Village mort pour la France
Tranchée des baïonnettes
Fort de Douaumont
D 913
N
O
E
S
D24
Vaux devant Damloup
Village mort pour la France
Bras-sur-Meuse
Ossuaire de Douaumont
Fleury-devant-Douaumont
Village mort pour la France
Damloup
Plaine de la Woevre
Étain
D 913b
D 913
Fort de Vaux
Côte de Meuse
Meuse
Fort de Souville
Fort de Tavannes
D 964
Moranville
N 3
D24
Verdun
0
1
2
3
4 km
Châtillon-sous-les-Côtes
Voie Sacrée
N 3
Ste-Menehould

La Croisière noire

Type de route	terrestre
Point de départ	Colomb-Béchar, Algérie
Point d'arrivée	Tananarive, Madagascar
Longueur	28 000 km
Date de création	28 octobre 1924-26 juin 1925
Pays traversés	Algérie, Mali et Niger (ex-Afrique occidentale française), Tchad et République Centrafricaine (ex-Afrique équatoriale française), Soudan, Rwanda et République du Congo (ex-Congo démocratique belge), Ouganda, Kenya, Tanzanie (ex-Tanganyika), Zambie et Malawi (ex-Rhodésie du Nord), Mozambique, Zimbabwe (ex-Rhodésie du Sud), Afrique du Sud (ex-Bechuanaland et Union Sud-Africaine), Madagascar
Étapes importantes	Taourirt • Bourem • Niamey • Tessaoua • Fort-Lamy • Bangui • Yalinda • Birao • Buta • Stanleyville • Kampala • Mombasa • Dar es-Salaam • Beira • Élisabethville •
Climats	désertique et tropical
Moyen de locomotion	autochenilles Citroën-Kégresse
Motifs de la route	première traversée automobile transafricaine (mission Centre-Afrique) : expédition publicitaire, technique, scientifique, économique, culturelle, humaniste, politique
Fréquentation	ingénieurs, scientifiques, ethnologues, cinéaste, peintre
Cinéma, art	• *La croisière noire*, film de Léon Poirier tourné pendant l'expédition, 1925 • Peintures d'Alexandre Iacovleff

Le peintre Alexandre Iacovleff fit aussi partie du voyage et en rapporta de nombreux portraits d'hommes croisés sur la route ou rencontrés aux étapes.

André Citroën aime les défis. Après avoir réussi la première traversée du Sahara en automobile en 1923, il met sur pied celle du continent africain du Nord au Sud. Il s'agit à la fois de tester la résistance de véhicules tout-terrain et de faire la publicité de la marque. André Citroën imagine aussi une expédition à portée scientifique et reçoit le soutien de la Société de Géographie et du Muséum national d'histoire naturelle.

La Croisière noire relie entre elles les colonies françaises d'Afrique. L'itinéraire passe ensuite par le Congo belge, avant d'atteindre le lac Victoria à la frontière de la Rhodésie anglaise. Là, les équipages se divisent en quatre groupes pour rejoindre Madagascar, via le Kenya, le Tanganyika, le Mozambique et l'Afrique australe anglaise.

Huit autochenilles de 10 CV, équipées de remorques et spécialement conçues pour pouvoir supporter le climat tropical et un relief difficile, sont engagées dans l'aventure. Elles se révèlent très performantes dans le désert. Mais les choses se compliquent en Afrique équatoriale où la végétation foisonnante oblige les équipiers à utiliser des machettes pour ouvrir la voie aux véhicules. Pourtant, les hommes les avaient surnommés Scarabée d'or, Éléphant à la tour, Escargot ailé, Centaure et Pégase !

La Croisière noire comptait 17 membres dirigés par Georges-Marie Haardt et Louis Audouin-Dubreuil. Une équipe de scientifiques y participa pour réunir des données dans différents domaines : géographie, cartographie, ethnologie, anthropologie, médecine, géologie, zoologie…

OCÉAN ATLANTIQUE
Mer Méditerranée
ALGÉRIE
TUNISIE
MAROC
Colomb-Béchar
LIBYE
ÉGYPTE
Mer Rouge
Péninsule Arabique
N
O
E
S
Taourirt
Sahara Occidental
Sahara
MAURITANIE
Tombouctou
Bourem
NIGER
MALI
SÉNÉGAL
GAMBIE
Tessaoua
TCHAD
SOUDAN
ÉRYTHRÉE
Golfe d'Aden
GUINÉE-BISSAU
GUINÉE
BURKINA FASO
Niamey
Fort-Lamy
(N'Djamena)
NIGÉRIA
BÉNIN
Nil
Birao
RÉP. CENTRAFRICAINE
Yalinda
SOMALIE
ÉTHIOPIE
SIERRA LEONE
CÔTE-D'IVOIRE
GHANA
TOGO
LIBERIA
CAMEROUN
Bangui
Buta
OUGANDA
KENYA
Kampala
Nairobi
GUINÉE ÉQUATORIALE
Golfe de Guinée
SAO TOMÉ & PRINCIPE
GABON
CONGO
Stanleyville
RWANDA
Lac Victoria
OCÉAN INDIEN
BURUNDI
Tabora
TANZANIE
Mombasa
SEYCHELLES
RÉP. DÉM. DU CONGO
Lac Tanganyka
Dar es-Salaam
OCÉAN ATLANTIQUE
Iringa
Lac Malawi
COMORES
ANGOLA
Elisabethville
MALAWI
MOZAMBIQUE
ZAMBIE
Blantyre
Mahajanga
Livingstone
ZIMBABWE
Tananarive
NAMIBIE
Bulawayo
Beira
BOTSWANA
MADAGASCAR
Tulear
Canal de Mozambique
SWAZILAND
Kimberley
LESOTHO
Durban
AFRIQUE DU SUD
Le Cap
Cap de Bonne Espérance
0
500
1000
1500
2000 km

La Route 66

Type de route	terrestre
Point de départ	Chicago (Illinois)
Point d'arrivée	Santa Monica (Californie)
Longueur	environ 4 000 km
Date de création	1926-1937
Apogées	- migration des années 1930 - années 1960-1970
Déclin	1985
Pays traversé	États-Unis
Étapes importantes	Wilmington • Springfield • Saint Louis • Joplin • Tulsa • Oklahoma City • Amarillo • Albuquerque • Gallup • Flagstaff • Bagdad • Barstow • San Bernardino
Climats	continental puis désertique
Moyens de locomotion	voiture, camions, motos
Motifs de la route	économique, touristique
Fréquentation	fermiers, routiers, GI's pendant la guerre, motards (Harley Davidson), touristes aujourd'hui
Littérature cinéma, musique	Romans : *Les Raisins de la colère* de John Steinbeck, 1939. *Sur la route* de Jack Kerouac, 1957. Films : *Les Raisins de la colère*, de John Ford, 1940, *Easy Rider* de Dennis Hopper, 1969. *Bagdad Café* de Percy Adlon, 1987. *Cars* deJohn Lasseter, 2006. Chanson : *Get your kicks on Route 66*, de Bobby Troup (reprise par les Rolling Stones, Chuck Berry, Nat King Cole, Dépêche Mode...) *Sur la Route 66*, d'Eddy Mitchell.

Surnommée « Mother road » (la mère des routes) par John Steinbeck, la 66 attire aujourd'hui les nostalgiques des années 50-70 qui la parcourent en voiture ancienne ou en Harley Davidson.

Le tracé de la Route 66, destinée à relier Chicago au Pacifique, est décidé en 1926. L'itinéraire retenu utilise une partie des voies qui relient des communautés rurales entre elles dans une région agricole. Cela explique que la 66 ne soit pas rectiligne. Au fur et à mesure que la route est goudronnée, de petites villes s'édifient autour de motels et stations-service.

La Route 66 servit de décor à des romans et des films (road movies) qui contribuèrent à construire son mythe.

Pendant la Grande Dépression, le chantier de la 66 fournit du travail à des millions de chômeurs. Mais, dans les années 1930, les Grandes Plaines (Oklahoma, Texas, Arkansas) sont dévastées par de terribles tempêtes de poussière. De nombreux fermiers ruinés sont expulsés de leurs terres par les banques. Ils émigrent alors vers l'Ouest par la route 66, espérant trouver un emploi dans les champs californiens. Cette migration est racontée par John Steinbeck dans *Les Raisins de la colère* (1939). Pendant la Seconde Guerre mondiale, la 66 devient un axe stratégique qui dessert usines d'armement et camps d'entraînement militaires. Elle inspire à Bobby Troup, l'un de ces soldats qui l'arpentent, sa célèbre chanson « Get your Kicks on Route 66 ».

La Route 66 a longtemps la faveur des routiers : d'une part, grâce à son climat nettement plus chaud que celui des routes du Nord, d'autre part car elle traverse beaucoup de villes. Le transport routier par la 66 concurrence donc sérieusement le chemin de fer. C'est l'une des raisons pour lesquelles l'État américain décide de construire un axe transcontinental plus rapide et plus direct : l'Interstate 40. Cela entraîne peu à peu l'abandon de la Route 66. Les motels, stations-service et petits commerces qui la bordaient perdent leur raison d'être : les villes deviennent des villes fantômes désertées par leurs habitants.

Officiellement déclassée en 1985, elle est aujourd'hui empruntée par des touristes grâce à l'action de riverains et d'associations qui se battent pour restaurer cette « Route historique 66 »

N
S
E
O
CANADA
WASHINGTON
Montagnes Rocheuses
MONTANA
DAKOTA DU NORD
MINNESOTA
Lac Supérieur
Grands Lacs
Chaîne des Cascades
OREGON
IDAHO
WISCONSIN
DAKOTA DU SUD
Lac Michigan
WYOMING
Chicago
IOWA
NEVADA
NEBRASKA
Grandes Plaines
Wilmington
Mississippi
Springfield
ILLINOIS
Grand Bassin
UTAH
COLORADO
Missouri
St. Louis
Eureka
CALIFORNIE
Sierra Nevada
Colorado
Plateau du Colorado
KANSAS
Lebanon
Baxter Spring
Joplin
MISSOURI
Désert Mojave
Grand Canyon
Barstow
Kingman
Flagstaff
Gallup
Grant
Oklahoma City
Tulsa
Monts Ozarks
TENNESSEE
Victorville
Los Angeles
William
Amarillo
Clinton
ARKANSAS
Santa Monica
San Bernardino
Bagdad
Needles
Petrified Forest et Painted desert
Albuquerque
Santa Rosa
Elk City
OKLAHOMA
Arkansas
ARIZONA
Désert de Gila
Rio Grande
NOUVEAU MEXIQUE
Llano Estacado
TEXAS
Red River
OCÉAN PACIFIQUE
MISSISSIPPI
LOUISIANE
MEXIQUE
Golfe de Californie
Golfe du Mexique
0 100 200 300 400 km
À voir
Site culturel
Site naturel
66

Une caravane de chameaux franchit un fleuve gelé dans les montagnes du Pamir, le long de la route de la soie.

S'aventurer sur les traces du négoce

« Vous y trouverez toutes les grandissimes merveilles et diversités de la Grande et de la Petite Arménie, de la Perse, de la Turquie, des Tartares et de l'Inde, et de maintes autres provinces de l'Asie Moyenne et d'une partie de l'Europe quand on marche à la rencontre du Vent-Grec, du Levant et de la Tramontane ; c'est ainsi que notre livre vous les contera en clair et bon ordre, tout comme Messire Marco Polo, sage et noble citoyen de Venise, les décrit parce qu'il les a vues de ses propres yeux. »

Marco Polo, *Le Devisement du monde,* 1298.

Le Nil

L'Égypte s'est construite autour de la vallée du Nil et vit au rythme du fleuve.

Type de route	fluviale
Point de départ	Alexandrie
Point d'arrivée	Assouan
Longueur	environ 2 000 km
Date de création	Antiquité
Déclin	XXe siècle
Pays traversé	Égypte
Étapes importantes	Kom Ombo • Edfou • Esna • Louxor • Le Caire
Climat	désertique
Moyens de locomotion	bateaux, felouques et barques
Marchandises	granit, calcaire, grès, albâtre, cuivre, or, minerais, pierres précieuses, produits agricoles
Fréquentation	marchands
Littérature cinéma	*Mort sur le Nil*, roman policier d'Agatha Christie, 1937. Adapté au cinéma par John Guillermin en 1978 avec Peter Ustinov et Jane Birkin.

Dans la mythologie égyptienne, le Nil était divinisé sous le nom de Hâpy. Il faisait l'objet d'un culte important parce qu'il procurait aux hommes l'eau indispensable à la vie et fertilisait la terre nourricière. Figuré sous la forme d'une divinité opulente, mi-homme, mi-femme, il arborait une touffe de papyrus sur la tête. Avec lui, Heket, la grenouille, Khnoum, le bélier, et Sobek, le crocodile, veillaient eux aussi sur les eaux du fleuve, ses crues et sa fertilité.

Avec ses 6 671 km, le Nil est l'un des plus longs fleuves du monde mais le seul à posséder deux sources. Il est en effet composé de cours d'eau séparés, le Nil Bleu et le Nil Blanc, qui se rejoignent au Soudan. La vallée du Nil est creusée dans le calcaire, le granit et le grès, principaux matériaux transportés au fil de l'eau. Après une succession de six rapides, nommés « cataractes », le fleuve serpente en pente douce vers Le Caire, irriguant une vallée fertile, la Haute-Égypte, puis il se divise en plusieurs bras qui forment le delta marécageux de la Basse-Égypte. Dans l'Antiquité, au moment des crues, un limon noir envahissait ses rives entre juillet et octobre. De part et d'autre de cette bande fertile d'une dizaine de kilomètres de large, c'est le désert. Entre la Méditerranée et Assouan, le Nil constituait une route large et calme dont le fort courant pouvait facilement transporter les bateaux se dirigeant vers le nord. Au retour, des vents dominants favorables les aidaient à remonter le cours du fleuve vers le sud. Pourtant, au sud d'Éléphantine, certains passages encaissés rendaient la navigation plus mouvementée et six cataractes rompaient le lent débit des eaux du Nil. La Première Cataracte marquait la frontière avec la Nubie. Depuis 1970, le barrage d'Assouan a créé le lac Nasser et supprimé les crues.

Près de 50 pays se sont mobilisés sous l'égide de l'Unesco, dès 1960, pour sauver 22 temples égyptiens menacés par les inondations dues à la construction du barrage d'Assouan. Certains ont été démontés puis remontés sur des éminences.

La civilisation égyptienne s'est développée sur les berges du fleuve où les pharaons ont édifié leurs tombes, palais et temples, profitant des périodes de crues, qui permettaient d'approcher au plus près des chantiers. D'autres matières premières, exploitées près du Nil, voyageaient sur ses flots : l'or et le cuivre du désert de Nubie, les turquoises, minerais et cuivre du désert du Sinaï, le natron de Libye nécessaire à la momification. Toutes les richesses produites par l'Égypte étaient transportées jusqu'au port d'Alexandrie dans des felouques à fond plat, capables d'avancer aux avirons et à la voile. De là, les marchandises étaient exportées dans le bassin méditerranéen d'où provenaient les biens importés par l'Égypte, lesquels remontaient ensuite le Nil. Bois, épices, esclaves, ivoire et ébène, guépards et lévriers se croisaient ainsi sur le fleuve.

La route de l'encens

Type de route	terrestre
Point de départ	Yémen, Oman, Somalie
Point d'arrivée	Méditerranée (Gaza, Alexandrie)
Longueur	2 560 km
Date de création	XIIᵉ siècle av. J.-C.
Apogée	VIIIᵉ – IIᵉ siècles av. J.-C.
Déclin	VIIᵉ siècle
Pays traversés	Afrique de l'Est, péninsule Arabique, mer Méditerranée
Étapes importantes	Najran • Yathrib (Médine) • Tabuk • Ma'an • Pétra • Gaza
Climat	désertique
Moyens de locomotion	caravanes de chameaux et dromadaires
Marchandises	encens, épices, aromates, fer, albâtre, laine teinte
Fréquentation	marchands, reine de Saba
Littérature	• la Bible : Ancien Testament (IIᵉ Livre des Chroniques ; Iᵉʳ Livre des Rois) • le Coran

Longtemps, les Nabatéens ont contrôlé le trafic caravanier entre la péninsule Arabique et la Méditerranée. Leur capitale, Pétra (ci-contre) devint l'une des cités les plus prospères de la région.

L'encens est une résine produite par un arbre appelé *Boswellia sacra*. L'arbre serait originaire du Dhofar, dans l'actuel sultanat d'Oman. Il y est encore cultivé aujourd'hui.

Dans l'Antiquité, l'encens est réservé au culte des divinités. Il est brûlé sur les autels du dieu Baal, en Assyrie, et de Yahvé en Palestine, et sert à embaumer les morts en Égypte. Au Xᵉ siècle avant Jésus-Christ, la reine de Saba prend la tête d'une longue caravane pour rencontrer le roi Salomon à Jérusalem. Elle apporte dans ses bagages de l'or et de l'encens.

Produit à Oman, au Yémen et en Somalie, l'encens est exporté par voie terrestre, à travers la péninsule Arabique, jusqu'aux ports de Gaza et d'Alexandrie. Cette route caravanière draine de nombreux autres produits tels que fer, albâtre, épices et aromates, laine teinte.

Il faut compter environ soixante-cinq jours pour couvrir à dos de dromadaire les soixante-cinq étapes de la route qui traverse la péninsule Arabique, soit environ 41 km par jour.

La route devient le moteur économique de toute une région et les échanges qu'elle favorise à la fois entre le Nord et le Sud, et entre l'Est et l'Ouest, influent sur la vie sociale et politique pendant plus de mille ans, à partir du XIIᵉ siècle avant notre ère. Les peuples vivant à proximité de la route tirent leurs ressources du commerce de l'encens qui permet l'apogée des civilisations de l'Arabie Heureuse et du Croissant fertile.

L'ouverture d'une voie maritime par la mer Rouge, au Iᵉʳ siècle de notre ère, puis l'avènement de l'islam, au VIIᵉ siècle, font peu à peu disparaître l'antique route de l'encens. Aujourd'hui, elle est inscrite sur la liste du Patrimoine mondial de l'Unesco pour sa partie nabatéenne qui traverse le désert du Néguev, en Israël.

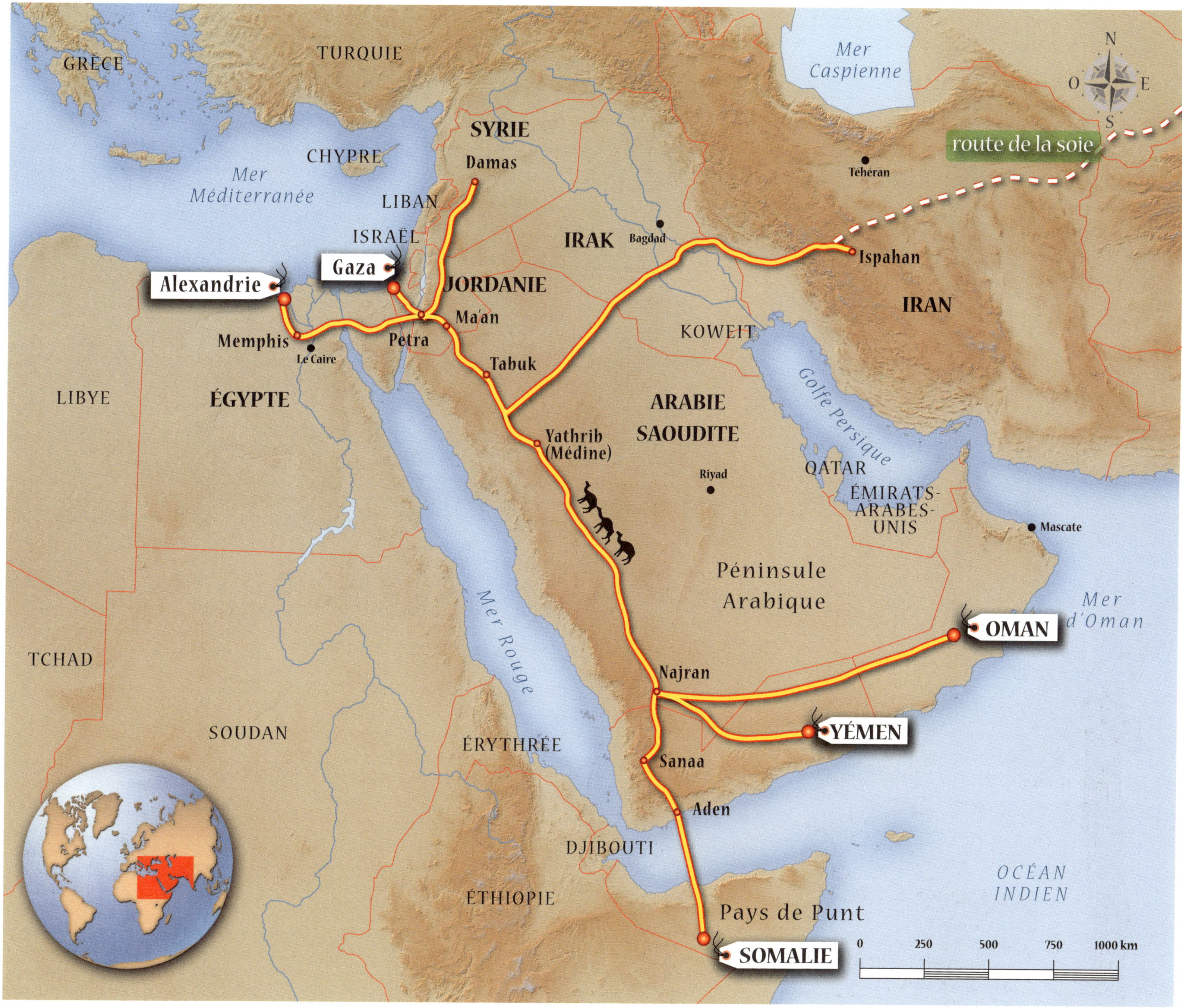
GRÈCE
TURQUIE
Mer Caspienne
N
O
E
S
SYRIE
route de la soie
CHYPRE
Damas
Téhéran
Mer Méditerranée
LIBAN
ISRAËL
IRAK
Bagdad
Gaza
Alexandrie
JORDANIE
Ispahan
IRAN
Ma'an
Memphis
Petra
KOWEIT
Le Caire
Tabuk
LIBYE
ÉGYPTE
ARABIE SAOUDITE
Golfe Persique
Yathrib (Médine)
QATAR
Riyad
ÉMIRATS-ARABES-UNIS
Mascate
Péninsule Arabique
Mer Rouge
Mer d'Oman
OMAN
TCHAD
Najran
YÉMEN
SOUDAN
ÉRYTHRÉE
Sanaa
Aden
DJIBOUTI
OCÉAN INDIEN
ÉTHIOPIE
Pays de Punt
SOMALIE
0
250
500
750
1000 km

La route de l'étain

Types de route	terrestre, fluviale, maritime
Point de départ	Cornouailles ou Armorique
Point d'arrivée	Grèce, Perse
Date de création	âge de Bronze (1800 av. J.-C.)
Apogée	1000 av. J.-C.
Déclin	Ier siècle av. J.-C.: conquête romaine
Pays traversés	Cornouailles, Gaule
Étapes importantes	Loire • Roanne • Rhône • Méditerranée
Climat	tempéré
Moyens de locomotion	chariots, bateaux
Marchandise	étain
Fréquentation	marchands gaulois, phéniciens, étrusques

À l'âge du Bronze, l'exploitation de l'étain se faisait en surface dans des veines mises à nu par l'érosion. Plus tard, on creusa des mines souterraines comme à Carngalver (photographie).

Dans l'Antiquité, l'étain est un métal rare et recherché pour ses qualités de dureté et sa résistance à la corrosion. Mélangé au cuivre, il sert à la fabrication du bronze, lequel permet de façonner des armes solides, nettement plus redoutables que les traditionnelles haches de pierre! Or, le minerai d'étain se trouve dans des dépôts alluvionnaires et les gisements sont rares. Les principaux se situent en Cornouailles et en Armorique, où l'exploitation de l'étain est attestée depuis l'âge de Bronze.

En Cornouailles, la nature granitique du sous-sol contient des veines d'étain exploitées dès la Préhistoire pour fabriquer des armes et des objets.

Une route de l'étain se crée au départ des lieux d'exploitation à destination des grandes civilisations du bassin méditerranéen, Égypte, Phénicie, Babylone, Grèce, Rome. Celtes et Gaulois se chargent du transport jusqu'à l'estuaire de la Loire, où débute son parcours fluvial en direction de Roanne.

De là, le métal est transporté par la route jusqu'à la vallée du Rhône, par une voie qui fut longtemps l'unique route commerciale de l'étain.

Seule, la tribu gauloise des Ségusiaves se charge de cette partie du trajet. Ils vendent ensuite l'étain aux Phéniciens, alors maîtres du commerce méditerranéen, avec lesquels ils entretiennent d'étroites relations. Certaines des coutumes et légendes ségusiaves ont été d'ailleurs influencées par celles des Phéniciens.

Le fer, apparu vers 500 avant notre ère, concurrence l'étain car il est encore plus solide que le bronze et le remplace efficacement dans la fabrication d'armes. Comme le commerce de l'étain perd de son importance commerciale, le monopole de sa distribution disparaît et de nouveaux réseaux de distribution voient le jour. En Gaule, les Ségusiaves sont concurrencés par d'autres tribus gauloises qui empruntent la vallée de la Seine, passant par les actuelles villes de Charenton et de la Plaine Saint-Denis. Les Étrusques sont de grands consommateurs de bronze, qu'ils utilisent pour façonner des objets funéraires. Ils viennent s'approvisionner auprès des marchands gaulois, faisant étape à Narbonne et à Toulouse. Sur mer, la Grèce, nouvelle puissance maritime, concurrence les Phéniciens en venant se fournir, elle aussi, directement en Gaule. Les Phéniciens se tournent alors vers l'Ibérie où ont été découvertes de nouvelles sources d'approvisionnement et poursuivent leur négoce en Méditerranée.

Les Gaulois perdent alors le monopole du transport de l'étain et certaines tribus, spécialisées dans ce commerce, cherchent d'autres sources de profit. La route de l'ambre, au nord-est du continent européen, et celle de la vigne, au sud-est, en Gaule et dans la péninsule ibérique, deviennent les nouvelles destinations des marchands gaulois.

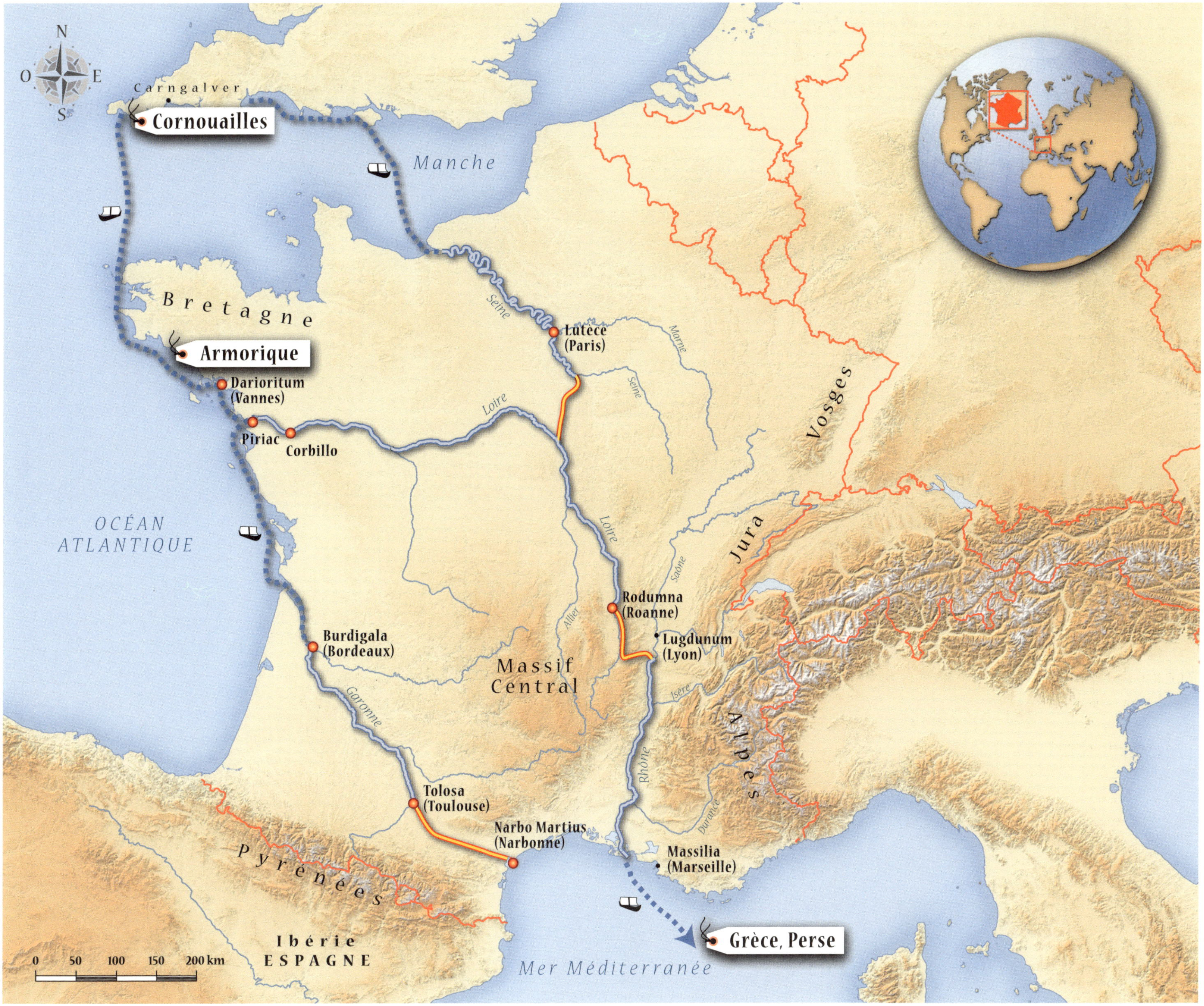
N
O
E
S
Carngalver
Cornouailles
Manche
Bretagne
Armorique
Darioritum
(Vannes)
Piriac
Corbillo
Lutèce
(Paris)
Seine
Marne
Loire
Vosges
OCÉAN
ATLANTIQUE
Jura
Saône
Rodumna
(Roanne)
Lugdunum
(Lyon)
Burdigala
(Bordeaux)
Allier
Massif
Central
Garonne
Isère
Alpes
Rhône
Durance
Tolosa
(Toulouse)
Narbo Martius
(Narbonne)
Massilia
(Marseille)
Pyrénées
Grèce, Perse
Ibérie
ESPAGNE
0 50 100 150 200 km
Mer Méditerranée

La route de la soie

Type de route	terrestre
Point de départ	Xian (Chine)
Point d'arrivée	Antioche (Syrie)
Longueur	environ 7 000 km
Date de création	IIe siècle av. J.-C.
Apogée	Moyen Âge
Déclin	XVe siècle
Pays traversés	Chine, Asie centrale, Afghanistan, Iran, Irak, Asie Mineure (Turquie), Syrie
Étapes importantes	Lanzhou ou Xining • contournement du désert du Taklamakan par deux voies **Au nord** : Tourfan • Ouroumtsi • Koutcha • Aksou • Kachgar ; **au sud** : Dunhuang • Miran, Cherchen • Khotan, Yarkand **Puis traversée de l'Asie centrale** : monts Pamir • Karakorum • Samarcande • Boukhara • Merv (en Sogdiane) • Téhéran • Badgad • Alep
Climat	continental, étouffant l'été, glacial l'hiver
Moyen de locomotion	caravanes en convois
Marchandises	produits de luxe, en particulier la soie de Chine
Fréquentation	marchands, pèlerins bouddhistes, missionnaires chrétiens, soldats, espions, explorateurs
Littérature	• *Mémoires sur les royaumes bouddhiques du moine Faxian*, 399. • *Le Voyage en Occident*, roman chinois dont le moine Xuanzang est le héros, 629. • *Le Devisement du Monde* de Marco Polo, fin XIIIe siècle. • *Longue Marche, à pied de la Méditerranée jusqu'en Chine par la route de la soie*, de Bernard Ollivier (3 vol.), 2000.

Les marchandises qui transitent par la route de la soie sont surtout des produits de luxe, rares et chers, comme les pierres précieuses, l'ivoire, les épices et le corail. Les vers à soie, l'imprimerie et la poudre emprunteront aussi cette voie pour parvenir en Occident.

La route de la soie est ouverte au IIe siècle avant notre ère par des ambassadeurs chinois envoyés sur ordre du général Zhang Qian pour chercher des alliés à l'Ouest. Elle sert ensuite de voie commerciale jusqu'au XVe siècle. À cette époque, les marchands préfèrent emprunter la voie de mer, moins chère et plus sûre que la route terrestre devenue la cible permanente des bandits attirés par les produits de luxe. La route est pourtant balisée par des caravansérails, qui servent d'étapes et de lieux d'échanges commerciaux. Ces places fortifiées possèdent plusieurs cours sur lesquelles donnent les entrepôts et les boutiques, les écuries et les granges à foin.

Les caravanes parcourent de longues distances avant d'arriver avec leurs chargements sur les étals des marchés. Parce qu'elle est très appréciée par les princes et nobles d'Occident, la soie donne son nom à cette route. Mais les marchands ne se contentent pas de transporter un seul produit. Ils chargent aussi leurs chameaux de tapis tissés en Inde et en Asie centrale, de pierres et métaux précieux extraits du sous-sol de Perse et d'Iran, d'ambre de Russie, d'ivoire d'Asie, de laque de Chine, d'épices d'Orient, de fruits exotiques, de corail des mers chaudes, d'étoffes fines (laine et lin), de verre. Cependant, peu de caravanes empruntent la route dans son intégralité. La plupart des marchands s'échangent leurs produits aux étapes et retournent d'où ils viennent avec de nouveaux chargements.

Il s'agit en réalité d'un réseau routier complexe qui favorise les contacts entre les civilisations. Les échanges ne se limitent pas à de simples marchandises. La route de la soie sert aussi d'axe de pénétration à certains États (l'Empire mongol a été créé sur une partie de son tracé), à des courants religieux (bouddhisme, christianisme, judaïsme, manichéisme et islam) et à des influences culturelles (arts grec, indien, persan, chinois, occidental). Le long de la route est d'ailleurs né un art, surnommé « sérindien », qui mêle tous ces styles et dont il reste de nombreux vestiges.

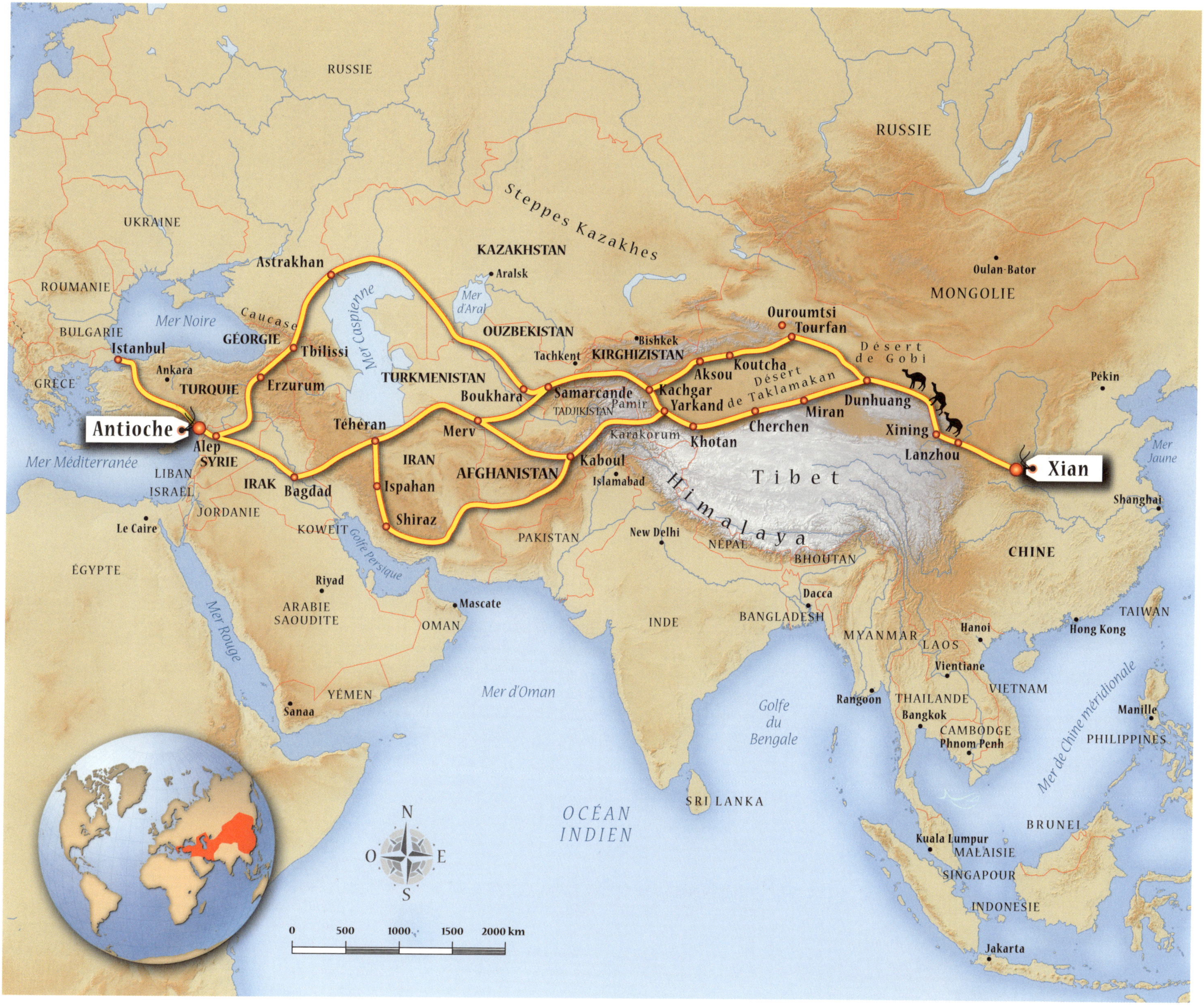
RUSSIE
UKRAINE
ROUMANIE
BULGARIE
GRÈCE
Mer Noire
Istanbul
Ankara
TURQUIE
GÉORGIE
Caucase
Tbilissi
Erzurum
Astrakhan
Mer Caspienne
KAZAKHSTAN
Aralsk
Mer d'Aral
Steppes Kazakhes
OUZBEKISTAN
TURKMENISTAN
Tachkent
Bishkek
KIRGHIZISTAN
Boukhara
Samarcande
TADJIKISTAN
Pamir
Kachgar
Yarkand
Aksou
Koutcha
Ouroumtsi
Tourfan
Désert de Gobi
Désert de Taklamakan
Dunhuang
Miran
Cherchen
Khotan
Karakorum
Antioche
Alep
SYRIE
LIBAN
ISRAËL
JORDANIE
Mer Méditerranée
IRAK
Bagdad
Téhéran
Merv
IRAN
Ispahan
Shiraz
AFGHANISTAN
Kaboul
Islamabad
PAKISTAN
KOWEIT
Golfe Persique
Le Caire
ÉGYPTE
Riyad
ARABIE SAOUDITE
Mer Rouge
Mascate
OMAN
YÉMEN
Sanaa
Mer d'Oman
New Delhi
NÉPAL
Himalaya
Tibet
BHOUTAN
INDE
Dacca
BANGLADESH
Golfe du Bengale
SRI LANKA
OCÉAN INDIEN
RUSSIE
Oulan-Bator
MONGOLIE
Pékin
Xining
Lanzhou
Xian
Mer Jaune
Shanghai
CHINE
TAIWAN
Hong Kong
Hanoi
MYANMAR
LAOS
Vientiane
VIETNAM
Rangoon
THAILANDE
Bangkok
CAMBODGE
Phnom Penh
Mer de Chine méridionale
Manille
PHILIPPINES
BRUNEI
Kuala Lumpur
MALAISIE
SINGAPOUR
INDONÉSIE
Jakarta
N
O
E
S
0
500
1000
1500
2000 km

La route des épices

Au XVIIe siècle, Colbert crée la Compagnie des Indes orientales qui permet à la France de s'installer aux Indes avant de développer la culture des épices dans ses colonies de l'océan Indien et des Antilles.

Type de route	maritime
Point de départ	Chine ou Insulinde
Point d'arrivée	ports d'Europe : Venise, Lisbonne
Longueur	environ 22 000 km (12 000 milles)
Date de création	1488
Apogée	XVIe siècle
Déclin	XIXe siècle
Océans traversés	Indien, Atlantique
Étapes importantes	Macao • Malacca • Ceylan • Goa • Zanzibar • Île Maurice • Le Cap
Climat	océanique
Moyens de locomotion	bateaux : nefs, caraques, galions, caravelles
Marchandises	épices
Fréquentation	marchands portugais, hollandais, anglais, français, espagnols

Dès l'Antiquité, Égyptiens, Assyriens, Babyloniens et Romains apprécient les épices, notamment le poivre, le clou de girofle, la cannelle, le gingembre et la muscade. Recherchées en cuisine pour leur saveur, en parfumerie pour leurs arômes et en médecine pour leurs essences curatives, les épices sont des produits recherchés et couteux. En Occident, leur prix est d'autant plus élevé que le voyage est long et les intermédiaires nombreux.

Produites surtout au sud de l'Inde, à Ceylan et dans les îles d'Asie du Sud-Est (Insulinde) ou en Chine, les épices arrivent en Occident par terre ou par mer. Par voie terrestre, les caravanes empruntent la route de l'encens, à travers la péninsule Arabique sous la houlette des marchands nabatéens. Par voie maritime, les navires remontent la mer Rouge et le canal des Pharaons (surnommé « des Quatre rois ») pour rejoindre le Nil, Alexandrie et la Méditerranée. Ce commerce dégage de larges profits et les puissances maritimes se livrent une lutte acharnée dans la course aux épices. Longtemps, les Arabes sont les intermédiaires obligés entre les pays d'Extrême-Orient, producteurs d'épices, et l'Occident, grand consommateur. En Méditerranée, leur principal partenaire est Venise qui bâtit sa puissance maritime sur ce commerce et réussit à en conserver le monopole jusqu'au XVe siècle. Puis, les Vénitiens se heurtent à la puissance ottomane et aux autres pays européens.

Les épices sont produites au sud de l'Inde, à Ceylan, dans les îles d'Asie du Sud-Est ou en Chine.

Vasco de Gama, en franchissant le cap de Bonne-Espérance en 1488, offre aux navigateurs portugais un accès direct aux épices. Cette nouvelle route maritime facilite le transport des épices en plus grande quantité et fait baisser leur coût. Au départ de Lisbonne, les bateaux sont chargés d'or, d'argent, de cuivre, de plomb et de mercure. Ils longent

les côtes d'Afrique jusqu'au cap de Bonne-Espérance, remontent le canal de Mozambique et traversent l'océan Indien, puis le détroit de Malacca pour atteindre l'Indonésie. De là, ils poursuivent si nécessaire jusqu'en Chine et aux Philippines. Après huit mois de mer, ils font étape dans les ports de Macao, Goa, Malacca, où ils vendent leurs marchandises et achètent les épices. Le retour dure vingt mois.

Sitôt ces voies maritimes ouvertes, armateurs hollandais et anglais se lancent à leur tour à la conquête des épices. Afin de mieux maîtriser la route des épices, les États installent des comptoirs fortifiés sur les côtes pour servir d'escales aux navires. Ces établissements deviennent vite des colonies permanentes. Les Portugais s'implantent au Mozambique, aux îles Moluques et de la Sonde, à Java et Sumatra. Les Hollandais fondent une colonie au Cap, en Afrique du Sud.

Chamagudao : route du thé et des chevaux

Type de route	terrestre
Point de départ	route du Sichuan : Ya'an ; route du Yunnan : Simao
Point d'arrivée	Lhassa, Tibet
Longueur	4 000 km
Date de création	VIIe siècle (dynastie Tang)
Apogée	XIIe-XIIIe siècles (dynastie Song)
Déclin	1950, construction d'autoroutes
Pays traversé	Chine
Étapes importantes	Dali • Lijiang • Shangri-la • Deqin • Zhongdian • Province chinoise du Sichuan
Climat	continental
Moyens de locomotion	à pied, caravanes
Marchandises	thé, sel, sucre, plantes médicinales, chevaux, bœufs, yacks, moutons, fourrures
Fréquentation	marchands chinois et tibétains, moines bouddhistes
Littérature cinéma	*Horizon perdu* de James Hilton, 1933. *Horizons perdus*, film de Frank Capra, 1937.

Cette route favorisa les échanges linguistiques et culturels entre les différentes ethnies ainsi que la diffusion de croyances religieuses. Parmi elles, le bouddhisme eut un grand succès au Tibet comme en témoignent les peintures des grottes des régions de Nanzhao et Dali.

Une légende raconte que la princesse chinoise Wen Cheng partit épouser le roi du Tibet, en 641, emportant du thé dans ses bagages. Elle fit découvrir aux Tibétains le Pu-erh cultivé dans la région du Yunnan, un thé noir fermenté, aux nombreuses vertus curatives et digestives. Les Tibétains l'adoptèrent en le mélangeant à du beurre de yack pour le rendre salé et nourrissant. Des caravanes apportaient du thé compressé sous la forme de briques ou de boules au Tibet, où le thé était échangé contre des chevaux tibétains, montures robustes et rapides, très appréciées des Chinois. C'est ainsi que naquit la « route du thé et des chevaux » par laquelle transitaient chaque année, au XIIIe siècle, 100 000 tonnes de thé et plus de 15 000 chevaux.

Au XIIIe siècle, sur cette route transitaient chaque année, 100 000 tonnes de thé et plus de 15 000 chevaux.

Cette route n'était pas une voie balisée. Les caravanes suivaient en réalité différents tracés entre des villes distantes de 50 à 400 kilomètres. Hors des tronçons empierrés très fréquentés, les caravaniers modifiaient leur itinéraire au gré des saisons, à la recherche des meilleurs pâturages pour leurs bêtes et des chemins les plus accessibles. La route était en effet longue et accidentée, parfois étroite et sujette aux glissements de terrain.
À chaque étape, les caravaniers pouvaient se reposer, se ravitailler et commercer sur les marchés locaux, ajoutant ainsi au fur et à mesure de nouvelles denrées à leur chargement. Ils avaient aussi la possibilité de profiter de scènes de théâtre pour se divertir et de lieux de culte pour pratiquer leur religion.

N
O
E
S
Désert de Gobi
Désert de Taklamakan
Yumen
Baotou
Yinchuan
Hotan
CHINE
Golmud
Xining
Lanzhou
Xian
Tibet
Xizang
Nagqu
Garze
Sichuan
Daofu
Chamdo
Kangding
Chengdu
Lhassa
Ya'an
Litang
Himalaya
Brahmapoutre
New Delhi
NEPAL
Deqin
Shangri-la
Zhongdian
Katmandou
BHOUTAN
INDE
Lijiang
Guiyang
Brahmapoutre
Gange
Dali
Xiaguan
Kunming
BANGLADESH
Tengchong
Yunnan
Dacca
Lincang
Simao
Nanning
VIETNAM
Hanoi
BIRMANIE
Golfe du Bengale
LAOS
Golfe du Tonkin
OCEAN INDIEN
THAILANDE
0
200
400
600
800 km

Une route du sel : la Tafordé au Niger

La route qui traverse le désert du Ténéré existe toujours. On l'appelle Tafordé, « route du sel », ou *Tarlam*, « file de chameaux ». Elle est fréquentée par les taghlamt, des caravanes de plusieurs milliers de dromadaires chargés de plaques de sel.

Type de route	terrestre
Point de départ	Agadez
Point d'arrivée	Bilma
Longueur	environ 1200 à 1500 km aller-retour
Date de création	VIIIe siècle
Apogée	Début XXe siècle
Déclin	XXIe siècle
Pays traversé	Niger
Étapes importantes	massif de l'Aïr • Tafagak (l'arbre du Ténéré) • désert du Ténéré • oasis de Fachi
Climat	désertique
Moyen de locomotion	caravanes de dromadaires
Marchandises	sel, dattes, mil…
Fréquentation	marchands touaregs

Le sel, servant à la consommation et à la conservation des aliments, était autrefois considéré comme une monnaie d'échange. Chez les Touaregs, par exemple, un esclave valait une plaque de 25 kg de sel. Plusieurs routes se créèrent donc au départ des lieux d'exploitation du sel, en Afrique de l'Est (du lac Assal jusqu'en Égypte) et en Afrique centrale (du Niger et du Mali jusqu'à Tripoli), dès l'époque néolithique. De plus en plus, les camions remplacent les caravanes.

La *Tafordé* part d'Agadez, grande oasis marchande au sud de l'Aïr. Ici, transitent le mil, les épices, le piment, le fromage, les tomates séchées, les oignons, les sandales et les tissus, que vont transporter les bêtes jusqu'à Bilma. À l'arrivée, les marchands vendent ces denrées et achètent le sel des salines de Bilma et les dattes produites sur place, avant de regagner l'Aïr, 35 jours après leur départ. Au retour chaque dromadaire porte entre deux et six plaques de 25 kg de sel.

La caravane du sel est la base de l'économie et de la culture touarègue : le périple se répète chaque année, et dure près de neuf mois, d'octobre à juin. Les caravanes marchent surtout la nuit, profitant de la fraîcheur et se repérant aux étoiles. Le voyage se poursuit ensuite vers le Nord, Mourzouk et Tripoli, ou vers le sud du Niger, où le sel est échangé contre du mil. *Airam* est le nom de cette « caravane du mil ». Les dromadaires se nourrissent alors trois mois dans les champs de mil coupé, laissant sur place leur fumier, puis ils repartent vers Agadez, chargés de mil.

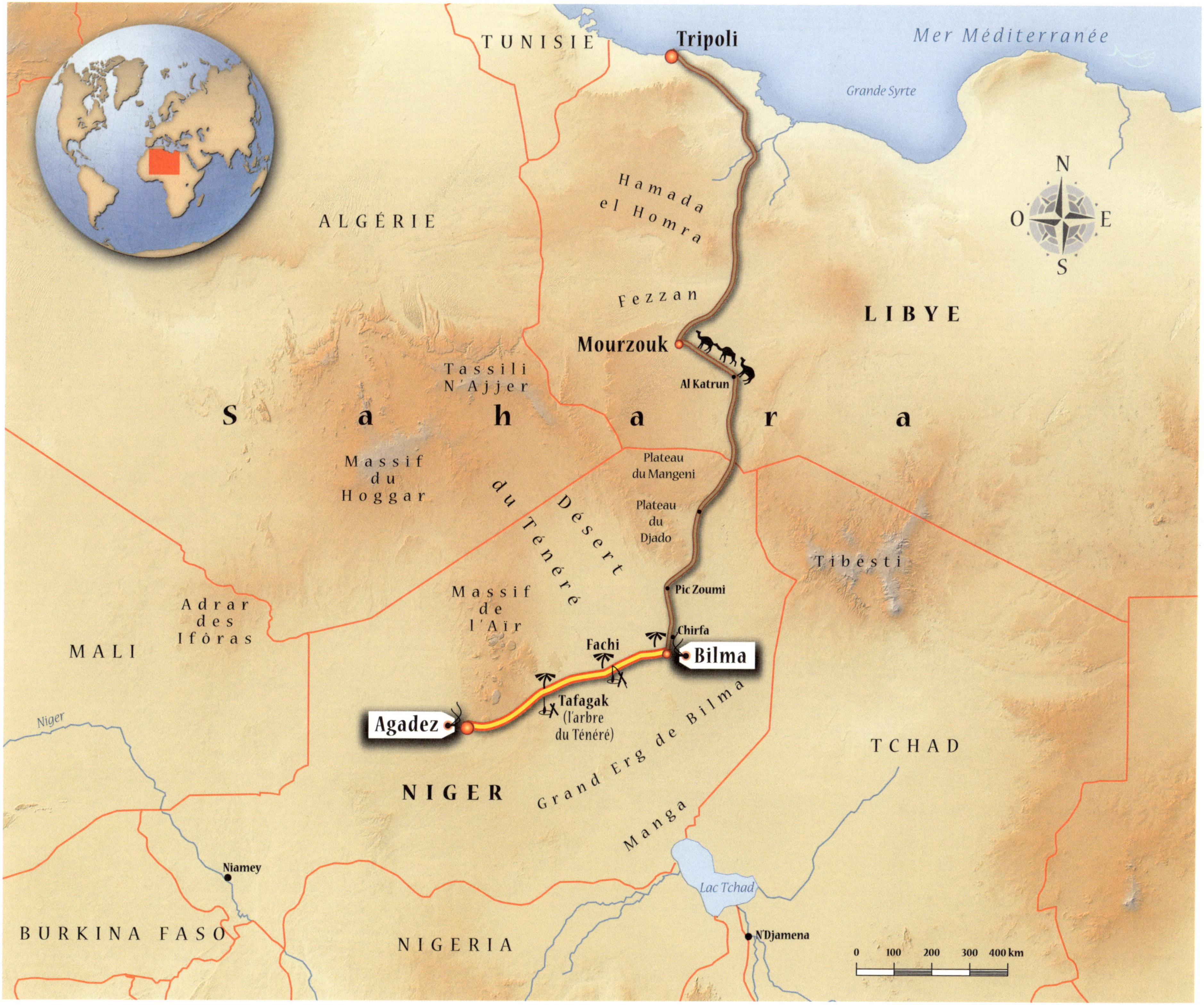

TUNISIE
Tripoli
Mer Méditerranée
Grande Syrte
ALGÉRIE
Hamada el Homra
Fezzan
LIBYE
N
O
E
S
Mourzouk
Al Katrun
Tassili N'Ajjer
S a h a r a
Massif du Hoggar
Plateau du Mangeni
Plateau du Djado
du Ténéré
Désert
Tibesti
Adrar des Ifôras
Massif de l'Aïr
Pic Zoumi
Chirfa
Fachi
Bilma
MALI
Tafagak (l'arbre du Ténéré)
Agadez
Niger
Grand Erg de Bilma
TCHAD
NIGER
Manga
Niamey
Lac Tchad
N'Djamena
BURKINA FASO
NIGERIA
0 100 200 300 400 km

La route de la Ligue hanséatique

En 1241, face aux nombreux actes de piraterie et de pillage que subissent leurs convois de marchandises obligés d'emprunter la voie terrestre pour passer de la mer Baltique à la mer du Nord, les villes de Lübeck et Hambourg s'allient pour leur assurer une meilleure sécurité. Cette alliance, à la fois militaire et commerciale, attire rapidement d'autres villes marchandes du nord de l'Europe, qui forment la Ligue hanséatique. À son apogée, la Hanse compte plus de deux cents cités réparties en quatre quartiers regroupés chacun autour d'une ville : Cologne pour la Westphalie, Brunswick pour la Saxe, Dantzig (Gdansk) pour la Prusse, Lübeck pour le Wende. C'est aussi Lübeck qui préside la Ligue durant toute son existence.

Du XIIIe au XVIe siècle, la Ligue hanséatique domine le commerce de la mer Baltique et de la mer du Nord dont elle fait un grand pôle économique au Moyen Âge. Son influence dépasse les ports et inclut de nombreuses cités continentales comme Cologne, Magdebourg, Berlin ou Cracovie, qui constituent des étapes commerciales importantes sur les routes de l'ambre, du sel et de la fourrure. Au temps de la Hanse, l'architecture de brique rouge marque le paysage urbain de tous les ports de la mer Baltique. La pierre est rare dans ces régions. Aussi, entrepôts, maisons d'armateurs, de marchands et de banquiers, mais aussi monastères, hôtels de ville, églises et fortins, sont-ils construits en briques rouges, façonnées à la main, faciles à sculpter et à émailler. Légères, les briques permettent d'élever toujours plus haut les voûtes et les clochers des églises, qui servent d'amers aux marins revenant au port. Les briques donnent aux cités baltes une unité architecturale tout en conférant à chaque bâtiment un caractère unique. Les architectes jouent sur l'effet de volume en multipliant les pignons à gradins, les arcatures aveugles et les effets de mosaïques obtenus à partir de briques émaillées de couleur noire, bleue, verte et jaune. Dans tous les ports hanséatiques, les façades élevées et les tours, visibles de loin, constituent un moyen, pour les armateurs, les marchands et les banquiers, d'afficher leur réussite économique.

Cette alliance, à la fois militaire et commerciale, attira rapidement d'autres villes marchandes du nord de l'Europe, qui formèrent la Ligue hanséatique.

La route européenne du gothique de brique rouge traverse sept pays le long de la Baltique dont les villes, à l'histoire différente, ont en commun cette architecture de brique rouge datant de l'époque de la Hanse. Un grand nombre d'entre elles sont classées au Patrimoine mondial de l'Unesco. La Ligue a favorisé également la germanisation des villes dont la plupart ont copié les chartes urbaines de Lübeck et Magdebourg, fondées sur le droit germanique. De même, les dialectes allemands se sont répandus le long des étapes de la Hanse.

Types de route	maritime et terrestre
Longueur	2 500 km
Date de création	XIIIe siècle
Apogée	XIVe siècle
Déclin	XVIe siècle
Pays traversés	Suède, Danemark, Allemagne, Pologne, Lituanie, Lettonie, Estonie
Étapes importantes	• Lübeck • Cologne • Brunswick • Hambourg • Brême • Magdebourg • Gdansk • Cracovie • Riga • Vilnius
Moyens de locomotion	bateaux de commerce, chariots ; aujourd'hui : voiture
Motifs de la route	au Moyen Âge : commerce, aujourd'hui : tourisme
Fréquentation	marchands, touristes

Golfe de Botnie
Helsinki
Golfe de Finlande
Saint-Pétersbourg
N
O
E
S
Oslo
NORVÈGE
Stockholm
Tallinn
ESTONIE
Tartu
RUSSIE
Skagerrak
SUÈDE
Gotland
Golfe de Riga
Riga
LETTONIE
Kattegat
Mer Baltique
DANEMARK
Horsens
Copenhague
Ribe
Naetved
Malmö
Ystad
Haderslev
LITUANIE
Niemen
Vilnius
Mer du Nord
Kaliningrad (RUSSIE)
Slupsk
BIÉLORUSSIE
Île de Rugen
Stralsund
Koszalin
Gdansk
Lübeck
Wismar
Rostock
Kolobrzeg
Olsztyn
Anklam
Hambourg
Parchim
Szczecin
Neubrandenburg
Stargard
Chelmno
Elbe
Vistule
Brême
ALLEMAGNE
Weser
Oder
POLOGNE
Berlin
Plock
Varsovie
vers Cologne
Brunswick
Magdebourg
Varta
0
50
100
150
200 km
vers Cracovie

La route du sel en France

Type de route	terrestre
Point de départ	Nice, place Royale (auj. place Garibaldi)
Point d'arrivée	Turin, porta Nuova
Longueur	230 km
Date de création	1610
Apogée	mi-XVIIIe- mi-XIXe siècle
Déclin	1860, rattachement de la Savoie et de Nice à la France
Pays traversés	États de Savoie (France et Italie)
Étapes importantes	L'Escarène • Sospel • Breil • Saorge • Tende • Cuneo
Climat	méditerranéen, alpin
Moyen de locomotion	convois de mulets
Marchandises	sel et autres marchandises
Fréquentation	marchands
Littérature	*L'Ouvrage le plus remarquable des temps anciens et modernes* de Thomas Jefferson, 1787

C'est Charles-Emmanuel Ier, duc de Savoie et prince de Piémont, qui décida, en 1610, de tracer une route reliant le port de Nice, possession des États de Savoie, à Turin, la capitale. Cette voie entre mer et montagne fut d'abord un simple chemin muletier. Au siècle suivant, il fut transformé en une route carrossable jalonnée de chapelles, portes monumentales, arcs de triomphe et amphithéâtres. Ce fut la première route transalpine.

La route devint aussitôt un axe commercial majeur. Au milieu du XVIIIe siècle, cinquante-cinq mille mulets chargés de marchandises l'empruntaient chaque année. Le sel constituait l'un des principaux produits transportés. Débarqué dans le port de Nice, en provenance des salines de Provence et du Languedoc, il prenait la direction des Alpes et du Piémont à dos de mulets ou sur des chariots tirés par des bœufs. À son arrivée, le sel était vendu comme produit alimentaire mais aussi pour servir à la salaison et à la conservation des aliments, ou au traitement des peaux produites dans la région.

Mais cet axe joua bien plus qu'un rôle économique. Il servit aussi de lien politique entre la capitale et le seul port des États de Savoie. Surtout, cette route royale eut une forte influence culturelle, favorisant l'expansion jusqu'en Ligurie d'un style baroque particulier, né en pays niçois. Tout au long de son tracé, églises et monuments civils se chargèrent d'or, de stucs, de marbres et d'angelots suspendus, dans une profusion de couleurs et de mouvement.

Il existait de nombreuses autres routes du sel en France, parmi lesquelles la Loire et le Rhône constituaient des axes privilégiés. Des caravanes de mulets prenaient le relais des convois fluviaux ou maritimes et l'ordre des Templiers en assura un temps la protection.

ITALIE
Vallées
Oisans
Turin
Pô
Briançon
Pignerol
Champsaur
Piémont
Queyras
Gap
Saluces
Gapençais
Baronnies
Ubaye
Barcelonnette
Stura
Cuneo
Argentera
Montagne de Lure
Mercantour
Verdon
Col de Tende
Durance
Tende
Roya
Plateau de Valensole
Comté de Nice
Saorge
Var
Lubéron
Castellane
Breil
Gorges du Verdon
Provence
Sospel
Plan de Caussols
L'Escarène
Ligurie
Menton
San Remo
Nice
Monaco
Côte d'Azur
Estérel
Cannes
Marseille
Fréjus
Mer Méditerranée
Maures
N
O
E
S
0
10
20
30
40 km

Le canal du Midi

Au XVIIIe siècle, la barque de Poste ne mettait que quatre jours pour aller de Toulouse à Agde, alors que les plaisanciers en mettent six aujourd'hui au moteur !

Type de route	fluviale
Point de départ	Toulouse
Point d'arrivée	étang de Thau, Sète
Longueur	240 km
Date de création	1681
Apogée	XVIIIe siècle
Déclin	1970
Départements traversés	Hérault, Aude, Tarn, Haute-Garonne
Étapes importantes	Castelnaudary • Carcassonne • Béziers • Agde • Marseillan
Climat	tempéré
Moyen de locomotion	barques et péniches halées, péniches et bateaux à moteur
Motifs de la route	transport, poste, commerce de blé, vin, sel, soie
Fréquentation	mariniers, commerçants, touristes depuis 1970
Musique	Chanson de Mano Solo « Canal du Midi », album *Dehors*, 2000

Creuser un canal pour relier la mer Méditerranée à l'océan Atlantique sans contourner l'Espagne faisait déjà partie des rêves de Néron, Auguste, Charlemagne, François Ier et Henri IV. Mais c'est sous le règne de Louis XIV, et grâce au génie de Pierre-Paul Riquet, que ce projet de canal des Deux Mers se concrétisa. Après quatorze ans de travaux, le « canal royal en Languedoc » reliait l'étang de Thau à la Garonne, à Toulouse. Inauguré en grande pompe le 24 mai 1681, il fut renommé « canal du Midi » en 1789 et inscrit au Patrimoine mondial en 1996.
Il est à ce jour le plus ancien canal d'Europe ouvert au trafic.

La construction du canal fut une incroyable prouesse technique qui lui valut, au XVIIe siècle, le surnom de « Merveille de l'Europe » ! Pour alimenter le canal, Riquet fut obligé de créer un gigantesque bassin de retenue à Saint-Ferréol dans la montagne Noire, d'où l'eau s'écoulait jusqu'au point culminant du canal et sur la ligne de partage des eaux. Il fallut ensuite bâtir 328 ouvrages d'art : écluses (63), ponts (130), pont-canal, aqueduc, tunnel… Plus tard, on planta des platanes pour fournir de l'ombre au chemin de halage, réduire l'évaporation de l'eau et consolider les berges. Un vrai souci écologique avant l'heure !

Il est à ce jour le plus ancien canal d'Europe ouvert au trafic.

Pierre-Paul Riquet était un homme audacieux et tenace. Sa charge de fermier des gabelles et collecteur de l'impôt sur le sel lui permit de financer en partie la construction de ce canal.
Riquet se révéla, non seulement un excellent ingénieur, mais aussi un généreux patron, offrant à ses ouvriers des conditions de travail très avantageuses pour l'époque : salaires élevés, paiement des jours de maladie et de repos, logement assuré contre un faible loyer, outils de travail fournis à l'embauche…
Plus sûr et plus rapide que la route, le canal favorisa le commerce en Languedoc. Pour gagner du temps, on préférait changer de barque à certaines écluses.

N
O
E
S
OCÉAN ATLANTIQUE
Bordeaux
Périgord
Dordogne
Langon
Quercy
Massif Central
Landes
Canal latéral à la Garonne
Lot
Agen
Garonne
Rouergue
Montauban
Aquitaine
Tarn
Fronton
Toulouse
Lauragais
TARN
Larzac
Languedoc
Sidobre
Rhône
HAUTE-GARONNE
St-Ferréol
HÉRAULT
Seuil de Naurouze
Faugères
Montagne Noire
St-Chinian
Frontignan
Castelnaudary
Garonne
Cabardès
Minervois
Étang de Thau
Canal du Midi
Trèbes
le Somail
Sète
Pyrénées
Malepère
Carcassonne
La Redorte
Aude
Béziers
Agde
Marseillan
AUDE
La Clape
Limoux
Plantaurel
Corbières
Foix
Fitou
Golfe du Lion
Roussillon
Mer Méditerranée
ESPAGNE
0 25 50 75 100 km

La route du café

En 1727, un lieutenant portugais demanda au gouverneur français de Guyane quelques graines de caféier. Le gouverneur refusa, mais sa femme glissa quelques baies dans la poche du beau lieutenant et, dès l'année suivante, le Brésil se lançait à son tour dans la production de café.

Type de route	maritime, transatlantique
Point de départ	Le Havre
Point d'arrivée	COMMERCE : Amérique du Sud, Antilles TRANSAT : Puerto Limon (Costa Rica)
Longueur	MONOCOQUES : 4 730 milles nautiques MULTICOQUES : 5 005 milles nautiques
Date de création	COMMERCE : XVIIe siècle TRANSAT : 1993
Apogée	COMMERCE : XIXe siècle
Océan traversé	Atlantique
Étapes importantes	marques de passage : République Dominicaine (monocoques), La Barbade (multicoques)
Climat	océanique
Moyen de locomotion	voiliers de course : monocoques et multicoques de 40, 50 et 60 pieds
Motifs de la route	commerce du café, course de voile
Fréquentation	COMMERCE : marchands français, anglais portugais, espagnols, hollandais TRANSAT : skippers

Au XVIIe siècle, les Néerlandais, les premiers, importent des plants de caféiers dans leurs colonies d'Indonésie. Louis XIV en reçoit quelques-uns en cadeau et le jardinier du roi en confie deux à un capitaine d'infanterie basé en Martinique pour qu'il tente de les cultiver là-bas. Après une traversée mouvementée, l'homme repique ses précieux caféiers et, dix-huit mois plus tard, il en récolte les premiers fruits. En quelques années, la production permet l'exportation. Tous les autres pays veulent alors s'y mettre. En Colombie, le café arrive au XIXe siècle, grâce aux missionnaires espagnols qui ont l'idée de remplacer la récitation de prières de pénitence par l'obligation de planter des graines de caféier.

En 1993, Jacques Vabre crée une course de voile à destination d'un port caféier selon les itinéraires empruntés par les navires au XVIIIe siècle.

Dès le XVIIIe siècle, les productions européennes d'Amérique du Sud et des Antilles finissent par concurrencer sérieusement le Yémen. En France, Le Havre devient, au XIXe siècle, un grand port caféier surnommé « la porte océane », où débarquent des grains en provenance d'Amérique du Sud, des Antilles et même d'Afrique.

En 1993, la société Jacques Vabre spécialisée dans le café crée une course de voile au départ du Havre et à destination d'un port caféier selon les itinéraires empruntés par les navires chargés de café au XVIIIe siècle. À l'origine, cette course est une transat en solitaire sur des monocoques et multicoques de 60 pieds avec deux départs et deux trajets distincts. Aujourd'hui, la Transat Jacques Vabre « la route du Café » se dispute en double sur des bateaux de 40 à 60 pieds. C'est la plus longue des courses transatlantiques. Après Cartagena, en Colombie (1993-1999), puis Salvador de Bahia, au Brésil (2001-2007), l'édition 2009 a mis le cap sur Puerto Limon, au Costa Rica. Ce port situé sur la côte des Caraïbes a été aménagé en 1852 pour le commerce du café produit dans la vallée centrale de San José et exporté vers Le Havre. Le port est devenu ensuite essentiel dans la vie économique du pays et le Costa Rica a développé une culture du café axée sur le développement durable. Les concurrents n'ont pas besoin de passer l'équateur ni le « Pot au noir » mais ils doivent choisir entre la route du nord, plus courte, et celle du sud, qui bénéficie des alizés.

ROYAUME-UNI
Le Havre
FRANCE
Golfe de Gascogne
Amérique du Nord
OCÉAN ATLANTIQUE
Archipel des Açores
Mer Méditerranée
ÉTATS-UNIS
ancienne route
route des monocoques
route des multicoques
Île Madère
Îles Canaries
Mer des Sargasses
Golfe du Mexique
Îles Bahamas
MEXIQUE
Tropique du Cancer
CUBA
RÉPUBLIQUE DOMINICAINE
JAMAÏQUE
Porto Rico
Guadeloupe
Martinique
Mer des Caraïbes
Îles du Cap-Vert
Afrique
GUATEMALA
HONDURAS
Antilles
SALVADOR
Barbade
Alizés
COSTA RICA
Cartagena
Trinidad
Puerto Limón
COLOMBIE
Équateur
ÉQUATEUR
Golfe de Guinée
OCÉAN ATLANTIQUE
BRÉSIL
PÉROU
Salvador de Bahia
OCÉAN PACIFIQUE
Amérique du Sud
Tropique du Capricorne
Pays producteur de café

Le canal de Suez

Type de route	maritime
Point de départ	Port-Saïd (mer Méditerranée)
Point d'arrivée	Suez (mer Rouge)
Longueur	162 km + 33 km de chenaux d'accès
Date de création	1859-1869
Déclin	fermé par l'Égypte de 1967 à 1975, suite à la guerre des Six Jours
Pays traversé	Égypte
Étapes importantes	Kantara • Ismaïlia
Climat	désertique
Moyen de locomotion	bateau
Motif de la route	commerce maritime
Fréquentation	cargos, pétroliers, voiliers (20 000 navires par an)
Littérature cinéma	• *Suez 1956 : un appelé sur le canal*, de Guy Claisse, 2006. • *Suez*, film de Allan Dwan, 1938. • *L'homme de Suez*, série TV de Christian-Jaque sur Ferdinand de Lesseps, 1984.

L'idée de relier la Méditerranée à la mer Rouge, via le Nil et un canal, remonte au 2e millénaire avant notre ère. Le canal « des quatre rois », creusé successivement par trois pharaons et le souverain perse Darius Ier entre le Nil et Arsinoë (actuelle Suez), ne fonctionne alors qu'en période de crues du Nil. Cette voie antique favorise les échanges avec l'Asie. Abandonné par les derniers Ptolémées, il s'ensable. Il est restauré par les empereurs romains, pour approvisionner Rome en épices, encens et pierres précieuses. Au VIIe siècle, il permet de ravitailler les villes saintes de l'islam, La Mecque et Médine, mais il est fermé par les Abbassides en 776.

Chaque bateau embarque des pilotes agréés pour la traversée qui dure de 11 à 16 heures à une vitesse de 9 nœuds.

Napoléon Bonaparte, le premier, envisage de percer l'isthme de Suez pour relier la Méditerranée à la mer Rouge. Le projet prend forme sous Napoléon III en 1854, lorsque Ferdinand de Lesseps, vice-consul de France à Alexandrie, obtient une concession de 99 ans pour percer l'isthme de Suez. À terme, le canal deviendrait propriété de l'Égypte. C'est la Compagnie universelle du canal maritime de Suez qui gère les fonds récoltés par souscription.

Le premier coup de pioche est donné le 25 avril 1859. Les travaux, ralentis par d'incessantes pressions ottomanes et anglaises, durent dix ans. De nouvelles villes sont fondées: Port-Saïd et Port-Fouad, au nord, et Ismaïlia, le centre administratif du canal. Le creusement se fait d'abord à la pelle et à la pioche. Mais, en 1863, le système égyptien de la corvée, qui a contribué à fournir de la main-d'œuvre locale, est supprimé. Des machines à vapeur prennent la relève des hommes pour excaver et draguer le canal. Au total, près d'un million et demi d'Égyptiens ont travaillé sur le chantier, mais 125 000 y ont perdu la vie, beaucoup tués par le choléra.

L'inauguration a lieu en grande pompe le 17 novembre 1869. En 1875, le gouvernement anglais rachète les parts de l'Égypte, devenant ainsi actionnaire principal.

Mais, en 1956, le président Nasser nationalise brusquement le canal afin de financer la construction du barrage d'Assouan. Comme il refuse d'indemniser les actionnaires, beaucoup sont ruinés. Israël, la Grande-Bretagne et la France lancent alors une opération militaire condamnée par les Nations unies qui confirment la légitimité égyptienne.

Le canal de Suez mesure aujourd'hui entre 280 et 345 mètres de largeur pour 22,50 mètres de profondeur. Le transit des navires se fait en trois convois quotidiens, un vers le nord et deux vers le sud. Ils se croisent au Grand lac Amer et à El Ballah et évoluent sous l'étroite surveillance de sémaphores édifiés tous les dix kilomètres. Chaque bateau embarque un pilote agréé pour la traversée qui dure de onze à seize heures à une vitesse de neuf nœuds. Le canal accueille près de 20 000 navires par an, soit 14 % du trafic mondial et raccourcit les distances. Mais en séparant l'Afrique de l'Asie, il a créé une fragmentation écologique et isolé les espèces non volantes. De même que le contact des deux mers a favorisé le transfert de parasites et de microbes.

Retour du marché sur la Karakoram Highway près d'Upeli dans la province du Xinjiang, en Chine.

Tisser un lien entre les hommes

« Les viandes grillent sur les feux qui tremblotent, l'eau des samovars bout. Nous dînons sobrement de pain et de fromage, mais une fillette vient nous apporter un grand bol d'âbgousht. Je dois me régaler trop ouvertement car le père nous apporte la soupière. Le bruit a couru qu'il y a là un étranger et j'entends murmurer "Zinedine Zidane". [...] Peu à peu, les autres approchent, et ceux qui parlent anglais m'interrogent sur Paris, la France, mon voyage. Nous sommes très vite encerclés par une foule de curieux. Un homme nous prie d'accepter l'hospitalité chez lui. »

Bernard Ollivier, *Longue Marche*, T. II, *Vers Samarcande*, Phébus, 2005.

La Nationale 7

Type de route	terrestre
Point de départ	Paris
Point d'arrivée	Menton
Longueur	995 km
Date de création	1830 (route nationale)
Apogée	années 1950-1970
Déclin	1970, ouverture de l'autoroute A6
Régions traversées	Île-de-France, Centre, Bourgogne, Auvergne, Rhône-Alpes, Provence-Alpes-Côte d'Azur
Étapes importantes	Fontainebleau • Nemours • Montargis • Briare • Nevers • Moulins • Lapalisse • Roanne • Lyon • Vienne • Valence • Montélimar • Pont-de-l'Isère • Avignon • Aix-en-Provence • Fréjus • Cannes • Nice
Climat	tempéré
Moyens de locomotion	voitures, camions, motos
Motif de la route	transport
Fréquentation	locaux, vacanciers
Littérature	• *Bonjour Tristesse*, roman de Françoise Sagan, 1954. • *Route Nationale 7*, chanson de Charles Trénet, 1955.

Françoise Sagan aimait la vitesse et les voitures de sport, qu'elle conduisait comme des bolides, en particulier sur la Nationale 7 qu'elle empruntait de nuit pour gagner Saint-Tropez. Un trajet familier raconté dans *Bonjour Tristesse*.

Hôtels et auberges fleurirent le long de cette route qui devint synonyme de vacances… et d'embouteillages !

La Nationale 7 relie Paris à la Côte d'Azur. Son tracé reprend d'antiques voies romaines, en particulier la via Aurelia qui longeait le littoral méditerranéen. Au XVe siècle, ces voies romaines furent intégrées au réseau routier mis en place par Louis XI quand il créa la poste royale. La route du Bourbonnais reliait alors Paris à Lyon via Moulins. En 1830, après presque 2000 ans d'aménagement, ce tracé devint celui de la route nationale n°7.

La route fut améliorée pour faciliter les conditions de transport des voyageurs qui bénéficièrent, à partir du XVe siècle, d'un service régulier. Des ormes, plantés le long de la route, fournirent de l'ombre aux voyageurs de plus en plus nombreux. Les Ponts et Chaussées, créés au XVIIIe siècle, aménagèrent le tracé. La route fut pavée de Paris à Fontainebleau, des ponts de pierre remplacèrent les ponts de bois ou de bateaux.
Puis, au début du XXe siècle, la nationale fut élargie et goudronnée afin de s'adapter aux voitures. Dans les années 1930, la Route Bleue Paris-Marseille se confondait avec la Nationale 7 sauf qu'elle déviait du trajet et passait par Saint-Etienne.

La Nationale 7 est aussi une célèbre route gastronomique, émaillée de restaurants réputés, tenus par de grands chefs, étoilés, souvent depuis plusieurs générations.
Parmi eux, citons Fernand Point, père de la nouvelle cuisine française, à Vienne, Paul Bocuse, à Collonges-au-Mont-d'Or, où ses ancêtres tenaient déjà une auberge au XVIIe siècle, Eugénie Brazier à Lyon, Michel Troisgros à Roanne, Alexandre Dumaine, Bernard Loiseau puis Patrick Bertron à Saulieu, Anne-Sophie Pic à Valence.

ROYAUME-UNI
PAYS-BAS
BELGIQUE
LUXEMBOURG
ALLEMAGNE
SUISSE
AUTRICHE
ITALIE
ESPAGNE
ANDORRE
Manche
OCÉAN ATLANTIQUE
Mer Méditerranée
N
O
E
S
Picardie
Bretagne
Lorraine
Vosges
Alsace
Franche-Comté
Bourgogne
Morvan
Jura
Alpes
Provence
Languedoc
Pyrénées
Aquitaine
Massif Central
Auvergne
Cévennes
Vivarais
Monts du Forez
Bourbonnais
Brie
Hurepoix
Gâtinais
Sologne
Puisaye
FRANCE
Paris
Fontainebleau
Nemours
Montargis
Briare
Nevers
Moulins
Lapalisse
Roanne
Lyon
Vienne
Pont-de-l'Isère
Valence
Montélimar
Avignon
Aix-en-Provence
Fréjus
Cannes
Nice
Menton
Nantes
Orléans
Dijon
Clermont-Ferrand
Bordeaux
Toulouse
Grenoble
Marseille
Toulon
Loire
Marne
Seine
Allier
Saône
Rhône
Durance
Isère
0 25 50 75 100 km

La route mandarine

Type de route	terrestre
Point de départ	Hanoi
Point d'arrivée	Saigon (Hô Chi Minh-Ville)
Longueur	1700 km
Date de création	Début XIXe siècle
Pays traversé	Vietnam
Étapes importantes	Nam Dinh • Than Hoa • Vinh • Hué • Da Nang • Qui Nhon • Nha Trang • Cam Rhan
Climats	tropical et subtropical avec mousson, plus sec au sud, plus frais au nord
Moyens de locomotion	voitures, bus, pousse-pousse, vélos, motocyclettes
Motifs de la route	politique, transport, commerce
Fréquentation	mandarins et hauts fonctionnaires
Littérature	*Sur la route Mandarine* de Roland Dorgelès, 1925, récit de voyage en Indochine.

Il existait déjà, le long du golfe du Tonkin, une route Nord / Sud très ancienne mais, du fait des guerres, elle fut laissée à l'abandon. Partant d'Hanoi, elle traversait les campagnes, montait en lacets et passait par le col des Nuages, toujours enveloppé de brume. Au-delà démarrait l'empire des Chams.

Après trente ans de guerre civile, le prince Nguyên Phuc Anh se proclama empereur sous le nom de « Gia Long » et réussit à unifier le Dai Viêt, renommé Vietnam en 1804. Il entreprit ensuite de grands travaux, fit construire des routes, des ponts, des digues et des canaux d'irrigation destinés à favoriser les déplacements et le développement de l'agriculture. Des ingénieurs français prirent part au projet puis suivirent les travaux. Afin de faciliter les échanges avec les pays voisins, de mieux centraliser le pouvoir et d'éviter toute tentative de rébellion dans les provinces, il fit tracer une route depuis la frontière chinoise jusqu'au Cambodge. Cette voie reliait les villes principales : Hanoi, au nord, Hué, la capitale, au centre, et Saigon, au sud. Elle était surtout fréquentée par les Mandarins et autres hauts fonctionnaires qui faisaient régulièrement le trajet entre les provinces qu'ils gouvernaient et la capitale, où ils venaient faire leur rapport à l'empereur.

Son surnom de « route mandarine » lui fut donné par les Français au XIXe siècle parce qu'elle était surtout fréquentée par les Mandarins.

Son surnom de « route mandarine » lui fut donné par les Français lorsqu'ils occupèrent le Vietnam. Cette route constituait la colonne vertébrale du pays et fut en partie goudronnée pendant l'occupation coloniale. Devenue la route nationale 1, elle a été récemment élargie, agrémentée de ponts et même d'un tunnel percé au col des Nuages. Pourtant, au sud, elle paraît, encore aujourd'hui, étroite, mal entretenue, et terriblement encombrée, surtout à l'entrée des villes et au moment de la récolte du riz qui sèche sur la chaussée et ralentit la circulation.

La route traverse en effet de vastes plaines rizicoles. En période de récolte du riz, les paysans déposent leur production non seulement devant leurs maisons mais aussi sur le bord de la route pour la faire sécher. Même si elles sont disposées en chicane, ces longues et épaisses bandes de grains réduisent considérablement la place réservée aux véhicules. Retourné

régulièrement à l'aide de longues raclettes, le riz ainsi étalé libère son humidité, absorbée au fur et à mesure par le bitume. Le temps que dure cette opération, la route est encombrée de monde qui s'affaire autour du riz. Les hommes le recouvrent de bâches lorsqu'il pleut et certains d'entre eux dorment sur place pour le garder. Les femmes le balaient pour aérer les grains. Ailleurs, dans les régions minières, ce sont des galettes de charbon qui se vendent sur le bord de la route pour servir de combustible.

L'Orient-Express

Type de route	ferroviaire
Point de départ	Paris, gare de l'Est, puis Londres
Point d'arrivée	Giurgiu (Roumanie) puis à partir de 1889, Constantinople (Istanbul, Turquie)
Longueur	3 186 km
Date de création	1883
Apogée	années 1920
Déclin	1977
Pays traversés	France, Allemagne, Autriche, Italie, Turquie
Étapes importantes	Munich • Vienne • Budapest • Bucarest • Belgrade
Climat	tempéré
Moyen de locomotion	train (wagons-lits)
Motif de la route	transport de luxe
Fréquentation	hommes d'affaires, touristes. Personnages célèbres : Agatha Christie, Paul Valéry, Graham Greene, Joséphine Baker, Pierre Loti, Mata Hari, Lawrence d'Arabie
Littérature cinéma	• *Le Crime de l'Orient-Express*, roman d'Agatha Christie, 1934, adapté au cinéma par Sidney Lumet, 1974. • *Bons baisers de Russie*, film avec Sean Connery dans le rôle de James Bond, 1963.

Le 31 janvier 1929, l'Orient-Express à destination de Paris se trouva bloqué par une terrible tempête de neige à 130 kilomètres d'Istanbul. Pendant cinq jours, les passagers furent coupés du monde, et subirent des températures de -25 °C. L'incident fit scandale car plusieurs jours s'écoulèrent avant que le train ne soit secouru et ravitaillé. C'est dans cette ambiance qu'Agatha Christie imagina *Le Crime de l'Orient-Express*.

L'Express d'Orient fut lancé en 1883 pour relier Paris à Constantinople, capitale de l'Empire ottoman. Ce train de luxe, équipé de wagons-lits confortables et de voitures-restaurants décorées dans un style Art Nouveau, s'inspirait des voitures-lits inventés par George Pullman et déjà mises en service aux États-Unis. Des artistes réputés, comme René Lalique, participèrent à sa décoration et de grands chefs préparaient des menus raffinés. À ses débuts, ce train de luxe n'était direct qu'entre Paris (gare de l'Est) et Giurgiu, en Roumanie. Là, les passagers prenaient un bac pour traverser le Danube, puis un nouveau train jusqu'à Varna, port bulgare sur la mer Noire. Le voyage se terminait en bateau à vapeur. C'était une véritable expédition ! En 1889, la ligne fut achevée et le train devint direct. Deux ans plus tard, il prit le nom « d'Orient-Express ». En 1906, le percement du tunnel de Simplon dans les Alpes permit d'ouvrir une nouvelle ligne avec le Simplon-Orient-Express qui relia Calais à Constantinople et Athènes via Paris, Lausanne, Milan, Vérone, Venise, Trieste, Zagreb, Belgrade, Sofia et Salonique. Des passagers venus de Londres ralliaient Calais en ferry de nuit avant de rejoindre Paris.

Dans les années 1970, la clientèle diminua en raison de la forte concurrence, aérienne et ferroviaire, et des innombrables retards accumulés aux passages douaniers d'Europe de l'Est. Sa vitesse ne dépassait pas 55 km/h en moyenne ! Le Direct-Orient-Express à destination d'Istanbul fut arrêté en 1977, tandis que l'Orient-Express continuait jusqu'à Vienne. En 1982, la compagnie Venice-Simplon-Orient-Express restaura quelques voitures pour proposer plusieurs voyages dont un qui suit le trajet initial jusqu'à Istanbul.

Mer du Nord
Mer Baltique
LITUANIE
KALININGRAD RUSSIE
ROYAUME-UNI
Londres
PAYS-BAS
Calais
Manche
BELGIQUE
ALLEMAGNE
POLOGNE
LUXEMBOURG
UKRAINE
Paris
Karlsruhe
RÉPUBLIQUE TCHÈQUE
Strasbourg
Stuttgart
SLOVAQUIE
Ulm
Munich
Linz
Bratislava
Orient-Express (1883-1989)
FRANCE
Vienne
Salzbourg
Budapest
SUISSE
Lausanne
AUTRICHE
HONGRIE
ROUMANIE
Venise-Simplon-Orient-Express (en activité)
SLOVÉNIE
Simplon-Orient-Express (1919-1977)
Brasov
Milan
Trieste
Zagreb
Venise
Belgrade
Constantza
Mer Noire
Bucarest
Giurgiu
CROATIE
BOSNIE-HERZÉGOVINE
ITALIE
Varna
SERBIE
BULGARIE
MONTÉNÉGRO
Sofia
Mer Adriatique
MACÉDOINE
Mer Méditerranée
Mer Tyrrhénienne
Istanbul
ALBANIE
TURQUIE
GRÈCE
Mer Égée
Mer Ionienne
0
100
200
300
400 km

La route des fjords avec l'Hurtigruten

Type de route	maritime
Point de départ	Bergen
Point d'arrivée	Kirkenes
Longueur	environ 2 700 km du sud au nord et 2 500 km du nord au sud
Date de création	1893
Apogée	1962
Déclin	1988
Pays traversé	Norvège
Étapes importantes	Floro • Maloy • Torvik • Geiranger • Alesund • Molde • Kristiansund • Trondheim • Bronnoysund • Sandnessjoen • Nesna • Ornes • Bodo • Stamsund • Svolvær • Stokmarknes • Sortland • Risoyhamn • Harstad • Finnsnes • Tromso • Skjervoy • Oksfjord • Hammerfest • Havoysund • Honningsvag • Kjollefjord • Mehamn • Berlevag • Batsfjord • Vardo • Vadso
Climat	polaire
Moyen de locomotion	ferries de croisière
Motifs de la route	ligne maritime côtière, transport local et fret, cabotage
Fréquentation	passagers (550 000 environ par an), marchandises (environ 200 000 tonnes par an + 55 000 voitures), courrier, touristes (400 000 par an)

En 1893, le capitaine de marine marchande Richard With accepta, à la demande de l'État norvégien, d'ouvrir une ligne maritime hebdomadaire entre les villes de Trondheim et Hammerfest. L'État lui accordait une aide financière mais le pari était malgré tout risqué. En effet, le long de ces côtes découpées, les phares sont rares et la nuit polaire rend la navigation dangereuse. Le premier vapeur leva l'ancre le 2 juillet 1893 et fit neuf escales. Devant son succès immédiat, la ligne fut vite desservie deux fois par semaine et prolongée de Bergen à Kirkenes.

Jusqu'à la création de cet Express côtier, une lettre mettait entre trois semaines, l'été, et jusqu'à cinq mois l'hiver, pour parcourir le même trajet par voie de terre. Autant dire que les bateaux, qui constituaient parfois l'unique lien avec l'extérieur, étaient accueillis par les habitants de ces petits ports de Norvège dans une ambiance de fête populaire ! La population attendait avec impatience leur arrivée, qui était synonyme de nouvelles fraîches, de journaux, de courrier et de ravitaillement. L'Express côtier permit de rompre l'isolement de la population de la côte et de créer un lien social et humain autant qu'un support économique. Les Norvégiens utilisaient l'Express côtier pour tous leurs déplacements, comme ailleurs on prenait le train ou l'autobus.

Hurtigruten (« route rapide » en norvégien), traduit par « l'express côtier », est aujourd'hui l'unique exploitant de cette ligne. Onze bateaux assurent la liaison entre 34 ports, de Bergen à Kirkenes, à la frontière russe. Le trajet aller-retour s'effectue en onze jours, avec un départ quotidien dans chaque sens. Les Norvégiens l'empruntent moins qu'autrefois mais les bateaux embarquent de plus en plus de touristes attirés par les fjords, les glaciers et les îles Lofoten. Pour satisfaire cette clientèle touristique, les bateaux deviennent de plus en plus confortables et des excursions sont proposées aux différentes escales.

Ce voyage est l'occasion de dépasser le cercle polaire, de profiter du soleil de minuit et d'admirer les aurores boréales.

Aujourd'hui, onze bateaux assurent la liaison entre 34 ports, de Bergen à Kirkenes, à la frontière russe. Le trajet aller-retour s'effectue en onze jours.

La Stuart Highway ou le Track

Type de route terrestre
Point de départ Port Augusta
Point d'arrivée Darwin
Longueur 2 534 km
Date de création fin XIXe siècle goudronnée dans sa totalité en 1980
Déclin depuis 2004, concurrence du train
Pays traversé Australie : Territoire du Nord, Australie-Méridionale
Étapes importantes Coober Pedy • Alice Springs • Tennant Creek • Katherine
Climats tempéré (Sud), désertique (Centre), tropical (Nord)
Moyens de locomotion voitures, poids lourds (*road trains*)
Motifs de la route transcontinentale Sud/Nord : transport de marchandises et de bétail, déplacements
Fréquentation routiers, fermiers, Aborigènes, habitants de l'outback, rangers, chercheurs d'opale, touristes
Littérature cinéma • *Mad Max III*, film (road movie) de George Miller, tourné à Coober Pedy, 1985.
• *Cul-de-sac*, roman de Douglas Kennedy, 2006.

Dans sa partie méridionale, la route dessert la ville de Coober Pedy, réputée pour ses mines d'opale. Les habitants y vivent dans des maisons troglodytes creusées dans la roche, afin de se protéger de la chaleur et du vent du désert. C'est dans ce cadre que fut tourné le film *Mad Max III*, en 1985.

Le plus long *road train* australien pèse 130 tonnes et mesure 53,50 mètres de long… de quoi transporter un troupeau de 40 vaches !

En 1860, l'Écossais John McDouall Stuart fut le premier explorateur à atteindre le centre de l'Australie, ouvrant ainsi une voie transcontinentale Nord/Sud. Dix ans plus tard, son itinéraire servit à installer une ligne télégraphique entre Adélaïde et Darwin via un relais construit à Alice Springs. En 1872, un télégramme parti d'Adélaïde mettait deux heures à atteindre Londres alors qu'il fallait deux mois à une lettre transportée par la poste à dos de dromadaire pour gagner Darwin ! Avec l'arrivée du télégraphe, une piste se dessina, qui prit le nom de Stuart, et le relais d'Alice Springs devint bientôt une vraie ville au cœur du *bush*. Mais ce n'est qu'en 1980, au moment des fêtes du bicentenaire de l'Australie que la route fut goudronnée dans sa totalité.

Surnommée aussi *« le Track »*, la Stuart Highway est en réalité un tronçon de l'axe médian Nord/Sud officiellement Highway 1 depuis 1987. Cette route est connue pour passer au milieu de vastes *no man's land*. Elle traverse le bush, de nombreux déserts et les terres aborigènes. Elle longe aussi Woomera, la plus grande zone militaire du monde, totalement interdite, où eurent lieu des essais nucléaires. Dans le Territoire du Nord, la majorité de la population vit dans les villes ou à proximité de la Stuart Highway, qui reste peu fréquentée. Il n'est pas rare de faire plus de cent kilomètres sans rencontrer âme qui vive. Au bord de la route, tous les deux cents kilomètres, des « roadhouses » servent à la fois de station d'essence, d'épicerie, de pub et de camping. Ici se croisent routiers, fermiers de l'*outback* (l'arrière-pays), Aborigènes.

Les *road trains* (« trains de la route ») australiens sont des poids-lourds à la fois économiques et écologiques ! Tractant trois ou quatre remorques, ces géants peuvent transporter un maximum de marchandises sur de très longues distances et réduire ainsi la consommation de carburant et le coût du transport. Mais ils ne sont autorisés à rouler que sur les routes rectilignes des régions peu peuplées des Territoires du Nord et de l'Ouest, et du Queensland. Car, attention, un *train road* lancé à pleine vitesse (110 km/h), a besoin de trois kilomètres pour s'arrêter. Cela laisse peu de chance aux kangourous éblouis par les phares… Aujourd'hui, ces trains de la route sont condamnés par le train du rail, le Ghan ! La ligne de chemin de fer qui relie Adélaïde à Darwin est en effet entrée en service en 2004.

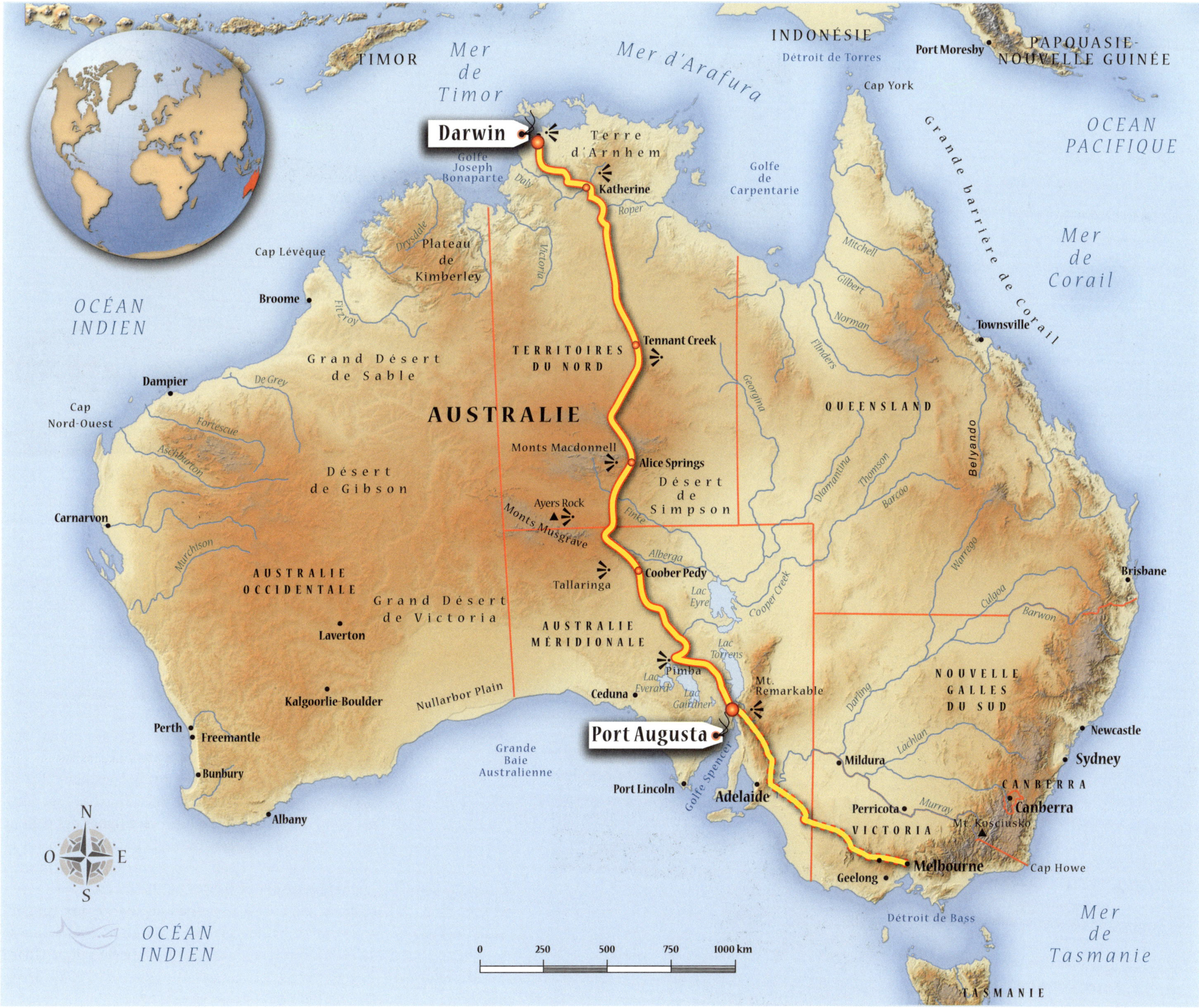

TIMOR
Mer de Timor
Mer d'Arafura
INDONÉSIE
Détroit de Torres
Port Moresby
PAPOUASIE-NOUVELLE GUINÉE
Cap York
OCEAN PACIFIQUE
Darwin
Terre d'Arnhem
Golfe Joseph Bonaparte
Daly
Katherine
Roper
Golfe de Carpentarie
Grande barrière de Corail
Mer de Corail
Cap Lévêque
Plateau de Kimberley
Drysdale
Victoria
Mitchell
Gilbert
Norman
Flinders
Townsville
Broome
Fitzroy
OCÉAN INDIEN
Grand Désert de Sable
TERRITOIRES DU NORD
Tennant Creek
Georgina
QUEENSLAND
Dampier
De Grey
Cap Nord-Ouest
Fortescue
Ashburton
AUSTRALIE
Monts Macdonnell
Alice Springs
Belyando
Diamantina
Thomson
Barcoo
Désert de Gibson
Désert de Simpson
Ayers Rock
Monts Musgrave
Finke
Carnarvon
Murchison
Alberga
Warrego
AUSTRALIE OCCIDENTALE
Coober Pedy
Tallaringa
Lac Eyre
Cooper Creek
Brisbane
Culgoa
Grand Désert de Victoria
Barwon
Laverton
AUSTRALIE MÉRIDIONALE
Lac Torrens
Pimba
Lac Everard
Lac Gairdner
Mt. Remarkable
NOUVELLE GALLES DU SUD
Darling
Kalgoorlie-Boulder
Nullarbor Plain
Ceduna
Port Augusta
Newcastle
Perth
Freemantle
Grande Baie Australienne
Golfe Spencer
Mildura
Lachlan
Sydney
Bunbury
Port Lincoln
Adelaide
CANBERRA
Canberra
Albany
Perricota
Murray
Mt. Kosciusko
VICTORIA
Melbourne
Cap Howe
Geelong
N
O
E
S
OCÉAN INDIEN
0
250
500
750
1000 km
Détroit de Bass
Mer de Tasmanie
TASMANIE

Le Transsibérien

Type de route	ferroviaire
Point de départ	Moscou
Point d'arrivée	Vladivostok
Longueur	9 289 km
Date de création	1883-1916
Pays traversés	Russie, Mongolie, Chine
Étapes importantes	990 gares dont Ekaterinbourg • Tioumen • Novossibirsk • Krasnoïarsk • Irkoutsk • lac Baïkal • Oulan Oudé • Khabarovsk
Climat	continental, très froid
Moyen de locomotion	train-couchettes
Motifs de la route	stratégique et économique (commerce de fourrure)
Fréquentation	soldats et marchands russes, mongols et chinois
Littérature	• *Michel Strogoff*, roman de Jules Verne qui raconte les aventures d'un courrier, sur la route Saint-Pétersbourg-Irkoutsk, 1875. • *La prose du Transsibérien et de la petite Jehanne de France*, poème de Blaise Cendrars, 1913.

L'idée de construire une voie de chemin de fer entre Moscou et la Sibérie date du milieu du XIXe siècle. Mais il fallut plus de trente ans avant que le projet n'aboutît. La construction se fit par étapes, à partir de 1883, et ce n'est qu'en 1891 que le tsar Alexandre III ordonna de poursuivre la voie jusqu'à Vladivostok.

La mise en chantier du Transsibérien répondait à plusieurs objectifs. D'une part, il devait favoriser les échanges avec la Sibérie, en particulier le commerce des fourrures très prisées à la cour du tsar et dans toute l'Europe. D'autre part, il devait sécuriser un trajet rendu dangereux par la nature hostile et les brigands. Il fallait en effet trois à cinq semaines pour parcourir à cheval les 5 500 km qui séparent Moscou d'Irkoutsk. Et encore ! Ce temps se trouvait souvent allongé du fait d'incidents ou d'intempéries fréquents. Surtout, cette ligne devait permettre de transporter des soldats le plus rapidement possible vers l'Est, afin de garantir l'intégrité des frontières de l'Empire.

Cette ligne devait permettre de transporter des soldats rapidement vers l'Est, afin de garantir l'intégrité des frontières de l'Empire.

Avant l'achèvement de la voie en 1904 contournant le lac Baïkal par le Sud, le passage du lac se faisait en bac, avec l'aide d'un brise-glace en hiver. Le tracé initial du Transsibérien traversait la Mandchourie, mais, ce territoire ayant été perdu par les Russes en 1905, les problèmes se multiplièrent, ralentissant le train. Une nouvelle ligne fut ouverte plus au Nord, via Khabarovsk. Achevée en 1916, elle permit au transsibérien de rester en territoire russe sur toute la longueur de son parcours.

Aujourd'hui, deux trains quotidiens de voyageurs (le Baïkal), quittent Moscou pour Irkoutsk et, tous les deux jours un train poursuit jusqu'à Vladivostok. Le trajet dure une semaine. Une ligne, achevée dans les années 1980, nommée le Baïkal Amour Magistral (BAM) poursuit le trajet, de Sibérie orientale jusqu'au Pacifique (4 200 km).

Il est également possible d'atteindre Pékin avec le Transmongol ou le Transmandchourien. En Chine, l'écartement des voies n'étant pas le même qu'en Russie, il faut changer les essieux. Et, à chaque frontière, on remplace locomotive et wagon-restaurant, ce qui permet de goûter successivement à la cuisine russe, mongole et chinoise !

OCÉAN ATLANTIQUE
OCÉAN GLACIAL ARCTIQUE
N
O
E
S
Spitzberg
Mer de Béring
Mer de Sibérie Orientale
Anadyr
Mer de Laptev
Mer de Kara
Mer de Barents
Nouvelle Zemble
Plaine de Kolyma
Kamkhatka
Monts de Verkhoyansk
Magadan
NORVÈGE
SUÈDE
FINLANDE
Mourmansk
Stockholm
Mer Baltique
Helsinki
Tallinn
LETTONIE
ESTONIE
LITUANIE
Riga
Vilnius
Saint Pétersbourg
Arkhangelsk
Amderma
Nordvik
Minsk
BIÉLORUSSIE
Smolensk
Moscou
Iaroslavl
Volga
Kirov
Nijni Novgorod
Kazan
Kiev
UKRAINE
Dniepr
Don
Perm
Kama
Oural
Salekhard
Plaine de Sibérie
Ob
Plateau de Sibérie Centrale
Iakoutsk
Mer d'Okhotsk
R U S S I E
Nizhnyaya Tungouska
Lena
Lensk
Khanty-Mansiysk
Ekaterinbourg
Tioumen
Monts
Samara
Saratov
Magnitogorsk
Omsk
Transsibérien
Tomsk
Ienisseï
Baïkal-Amour-Magistral
Angara
Gavan
Sakhaline
Rostov
Volgograd
Novossibirsk
Krasnoïarsk
Taïchet
Bratsk
Lac Baïkal
Irkoutsk
Mts Iablonovy
Amour
Khabarovsk
Sikhote Alin
OCÉAN PACIFIQUE
Mer Noire
Astrakhan
Caucase
GÉORGIE
Grozny
Tbilissi
ARMÉNIE
Erevan
AZERBAÏDJAN
Bakou
Mer Caspienne
KAZAKHSTAN
Ichim
Irtysh
Mts Saïan
Oulan-Oudé
Manchourie
Harbin
Vladivostok
CHINE
Mer du Japon
Mer d'Aral
Lac Balkhach
Altaï
MONGOLIE
Oulan-Bator
Transmongol
OUZBÉKISTAN
TURKMÉNISTAN
Ashkhabad
Alma-Ata
Bishkek
KIRGHIZISTAN
Tachkent
Désert de Gobi
CORÉE DU NORD
Pyongyang
Séoul
CORÉE DU SUD
Pékin
Téhéran
IRAN
Doushanbe
TADJIKISTAN
CHINE
Mer Jaune
AFGHANISTAN
PAKISTAN
0
500
1000
1500
2000 km

La route US 1

La US 1 dessert de grandes villes de la côte Est, comme Philadelphie (ci-contre), et on estime à environ 75 millions le nombre d'Américains qui l'empruntent encore chaque jour, soit un tiers de la population américaine!

Type de route	terrestre, politique (relier les grandes villes du Nord au Sud)
Point de départ	Fort Ken
Point d'arrivée	Key West
Longueur	3846 km
Date de création	1926
Apogée	années 1950
Déclin	années 1980
États traversés	Maine, Massachussetts, Rhode Island, Connecticut, New Jersey, Pennsylvanie, Maryland, Virginie, Caroline du Nord, Caroline du Sud, Georgie, Floride
Étapes importantes	• Portland • Boston • Providence • New Haven • New York • Newark • Philadelphie • Baltimore • Washington • Richmond • Raleigh • Columbia • Augusta • Jacksonville • Miami
Climat	océanique
Moyens de locomotion	voitures, motos, camions
Motif de la route	déplacements locaux, tourisme
Fréquentation	routiers, motards, touristes
Cinéma	*Route One USA*, film de Robert Kramer, 1989.

En 1911, fut construite une route internationale entre Québec et Miami, la première de l'axe nord-sud. On attribua à cette «Route Atlantique» le numéro 1 lors de la création des routes nationales (*Highways*), en 1926. Son tracé fut alors légèrement modifié, pour relier toutes les villes de la côte Est. En 1938, la US 1 fut prolongée par la route *Overseas Highway* faite de ponts successifs entre les îles, de Miami à Key West. Comme pour la plupart des routes américaines, la construction du réseau autoroutier, à partir des années 1970, a fait baisser la fréquentation sur la US 1, en particulier pour le transport routier. La route reste de nos jours très fréquentée par les locaux pour de courts déplacements, souvent quotidiens, ce qui explique qu'elle soit la route la plus empruntée. La US 1 n'a rien d'uniforme ni de monotone: elle traverse des régions aux aspects très différents, de grandes villes modernes, faites de verre et d'acier, des lieux chargés d'histoire et des régions restées sauvages. La variété de son tracé favorise les rencontres insolites entre des populations rurales et citadines, et attire les touristes de plus en plus nombreux. Elle est ainsi devenue la première destination touristique de l'État du Maine.

La construction du réseau autoroutier, à partir des années 1970, a fait baisser la fréquentation sur la US 1.

C'est ainsi que la US 1 a inspiré à Kramer un formidable *road movie* (film-route), qui mêle fiction et documentaire sur fond de voyage. Six mois de tournage sur la US 1 ont permis au réalisateur de brosser le portrait d'une Amérique profonde, loin des clichés, ancrée dans le travail, les traditions, la volonté de s'en sortir.

Entre Miami et Key West, terminus de la US 1, la route traverse la mer.

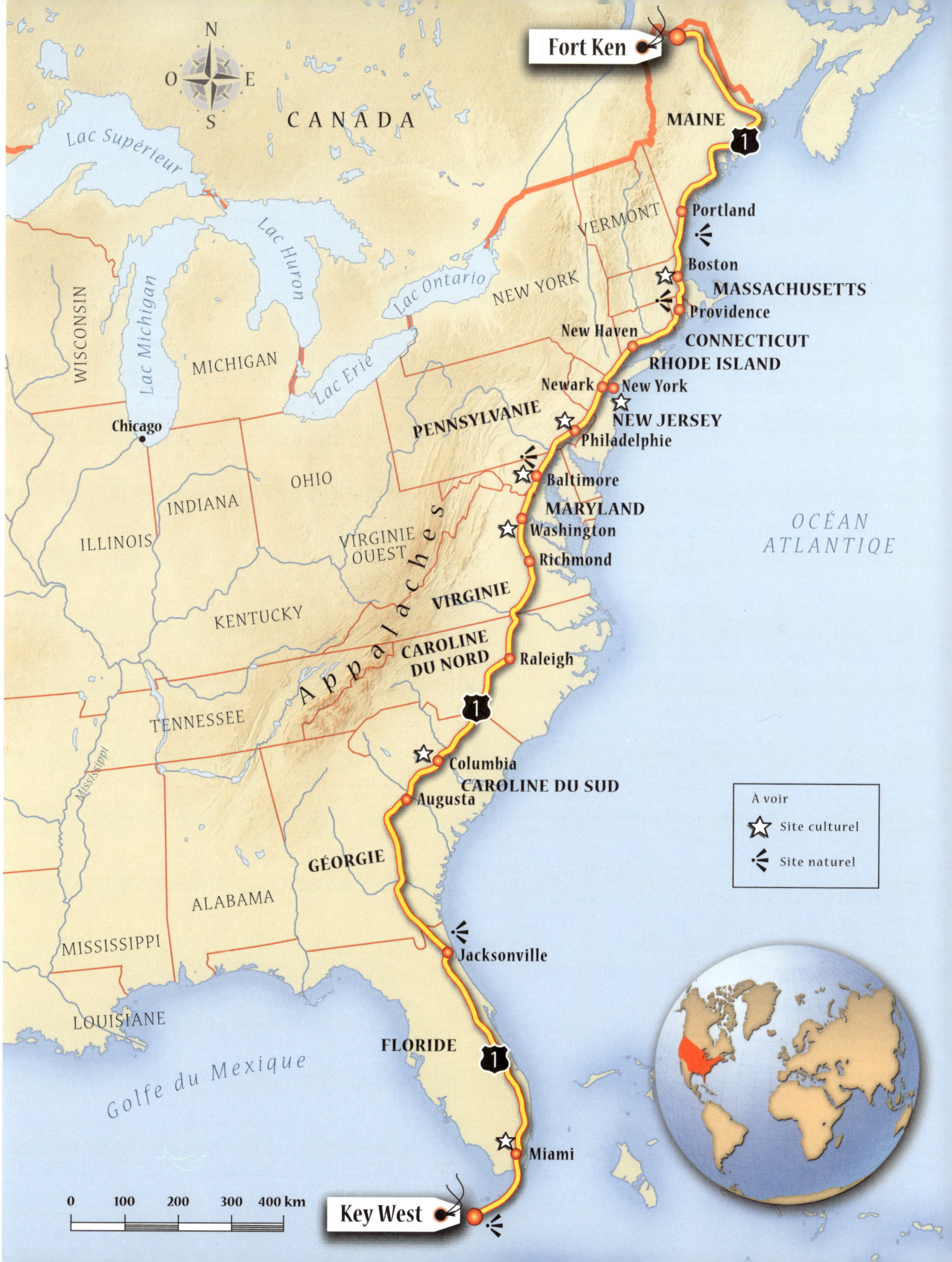

La Panaméricaine

Type de route	terrestre avec une étape maritime
Point de départ	Prudhoe Bay (Alaska)
Point d'arrivée	Puerto Montt (Chili)
Longueur	28 000 à 48 000 km selon l'itinéraire choisi
Date de création	1950
Pays traversés	Alaska, Canada, États-Unis, Mexique, Guatemala, El Salvador, Honduras, Nicaragua, Costa Rica, Panama, Colombie, Équateur, Pérou, Bolivie, Chili, Argentine, Uruguay, Brésil
Étapes importantes	Fairbanks (Alaska) • Whitehorse (Yukon) • Edmonton • Calgary (Alberta) • Billings (Montana) • Denver (Colorado) • Albuquerque (Nouveau-Mexique) • San Antonio (Texas) • Monterrey (Mexique) • Mexico • San Salvador • Panama • Cali (Colombie) • Quito (Equateur) • Lima (Pérou) • Antofagasta • Valparaiso • Santiago • Puerto Montt (Chili) • Buenos Aires (Argentine) • Montevideo (Uruguay) • Rio de Janeiro (Brésil)
Climats	polaire (Alaska, Canada), tempéré (États-Unis), désertique (Mexique), tropical (Colombie), aride et tempéré humide (Chili)
Moyens de locomotion	voiture, poids lourds
Motifs de la route	route politique, commerce, transport
Fréquentation	locaux, routiers, touristes

Cette route est d'abord un concept. Elle crée, entre trois Amériques aux multiples visages (Nord, Centre et Sud), un lien que chaque voyageur tisse au gré des voies qu'il emprunte.

La Panaméricaine au Pérou (à gauche), dans la région de Nazca et au Canada (à droite) où elle suit le tracé de la grande route de l'Alaska.

Lors de la première Conférence des États américains, en 1889, le projet d'une route ou d'une voie ferrée qui traverserait le continent américain du nord au sud fut évoqué. En 1923, à la cinquième Conférence, on opta pour une route destinée à faciliter le développement économique et à resserrer les liens entre les capitales américaines. En 1950, le Mexique fut le premier pays à achever son tronçon : la route interaméricaine reliait matériellement l'Amérique du Nord à l'Amérique du Sud.

Loin de se résumer à une voie unique, la Panaméricaine est plutôt une succession de chemins, routes et autoroutes nationales. En Alaska, au Canada et aux États-Unis, aucun itinéraire ne fait officiellement partie de la Panaméricaine.

Le tracé le plus souvent retenu suit la grande route d'Alaska (Fairbanks-Dawson Creek), l'*Interstate* 35 (Minnesota/Texas) ou 25 (Wyoming/Texas) aux États-Unis, l'Interaméricaine (Laredo-Panama Ciudad), la route Simon Bolivar (La Guaira-Santiago du Chili), la *Carretera* australe (Puerto Montt-Villa O'Higgins).
Mais, la Panaméricaine ne se limite pas à un tracé Nord/Sud. Elle inclut aussi des routes transversales, comme la Translatina (Valparaiso-Santiago du Chili-Buenos Aires), vers les villes de la côte atlantique. Elle atteint même Ushuaia en Terre de Feu, pour ceux qui veulent aller d'un pôle à l'autre… La Panaméricaine a permis de tirer un trait d'union entre les pays et les hommes, et de matérialiser leur désir de rapprochement. Elle reste pourtant un projet inachevé.

La route est en effet interrompue sur une centaine de kilomètres entre le Panama et la Colombie. À cet endroit, la présence de la réserve de la biosphère du Darien, inscrite au Patrimoine mondial en 1980, a bloqué la construction de la route. Les travaux menaçaient tout un écosystème et mettaient en danger l'équilibre écologique de la région. Le bateau reste donc encore aujourd'hui le seul moyen de passer du Panama en Colombie.

Karakoram Highway ou la route de l'Amitié

Type de route	terrestre
Point de départ	Islamabad (Pakistan)
Point d'arrivée	Kashgar (Chine)
Longueur	1284 km
Date de création	1967
Pays traversés	Pakistan, Chine
Étapes importantes	Upeli • Ghez • Bulunkul • Tashkurgan • Pirali • Col de Khunjerab (4733 m) • Sost • Karimabad • Gilgit • Jalipur • Chilas • Sazin • Shakot • Manshera
Climats	continental, froid
Moyens de locomotion	cheval, camion, voiture
Fréquentation	soldats, cyclistes et alpinistes de haute montagne, touristes aventuriers, commerçants et population locale
Littérature cinéma	• *Karakoram*, livre collectif de l'expédition française de 1936. • Sous le même titre, film réalisé par Marcel Ichac (1936 et nouvelle version en 1986).

Près de 900 personnes perdirent la vie au cours des travaux, victimes de glissements de terrain. Des tumuli marquent l'emplacement de leurs tombes situées sur le bord de la route.

Nommée « route de l'Amitié » par les Chinois, la Karakoram (KKH pour *Karakoram Highway*) relie la Chine et le Pakistan et revêt surtout un intérêt stratégique. Elle fut construite simultanément par les armées chinoise et pakistanaise entre 1966 et 1982, et ouverte au public en 1986. En 2006, un accord fut signé entre les deux pays frontaliers, visant à rendre la route accessible toute l'année et à l'élargir jusqu'à 30 mètres afin d'y faire rouler des poids lourds en sécurité. La route tient son nom de la chaîne montagneuse du Karakoram qu'elle traverse.

La Karakoram Highway est la plus haute route d'asphalte du monde et culmine au col du Khunjerab, à 4733 mètres.

Elle suit l'antique route de la soie sur une grande partie de son tracé, sinuant entre montagnes abruptes et plaines de pierre, gorges étroites et rivages lacustres. La route passe aussi à travers l'Azad Kashemir, région pakistanaise du Cachemire, que se disputent l'Inde et le Pakistan. Mais elle est également fréquentée par des alpinistes de haute montagne pour rejoindre leurs camps de base et de plus en plus de touristes s'y aventurent.

Il fallut utiliser de la dynamite pour percer le granit du massif montagneux. La partie chinoise n'est pas encore totalement goudronnée. Côté pakistanais, 10000 militaires stationnés aux abords de la route sont chargés de son entretien.

La Karakoram Highway est la plus haute route d'asphalte du monde et culmine au col du Khunjerab, à 4733 mètres. Or, à cette altitude, l'air se raréfie. C'est pourquoi, autrefois, pour soulager les chevaux, on leur piquait les naseaux afin de faire s'écouler le sang. Cela, pensait-on, soulageait du mal des montagnes. Dans les années 1940, un voyageur européen fut choqué de voir ainsi des taches de couleur brune provoquées par leur sang qui gouttait sur le chemin de montagne. Les yacks résistaient mieux que les chevaux au passsage de ce col.

KIRGHIZISTAN
Kashgar
Upeli
CHINE
Province du Xinjiang
Ghez
Bulun Kul
TADJIKISTAN
Muztagata 7546 m
Désert de Taklamakan
Tashkurgan
Pamir
Pirali
AFGHANISTAN
Hindu Kush
Col de Khunjerab 4733 m
Sost
Karun Koh 7164 m
Karimabad
K2 (Godwin Austin) 8611 m
Gilgit
Karakoram
Gasherbrum 8035m
Diamir
Sazin
Frontière contestée entre l'Inde et la Chine
Chilas
Jalipur
Jammu-et-Cachemire
Nanga Parbat 8126 m
Shakot
Kaboul
Manshera
Ligne de contrôle entre le Pakistan et l'Inde
Peshawar
Indus
Azad
Islamabad
PAKISTAN
INDE
Pendjab
Jammu
0 50 100 150 200 km
N O E S

La Transamazonienne

Type de route	terrestre + 92 km maritime
Point de départ	Cabedelo
Point d'arrivée	Benjamin Constant
Longueur	4 965 km
Date de création	1970
Pays traversé	Brésil (États: Paraiba, Ceara, Piaui, Maranhao, Tocantins, Para et Amazonas)
Étapes importantes	João Pessoa • Campina • Grande • Patos • Picos • Floriano • Pastos Bons • Balsas • Estreito • Araguatins • Maraba • Altamira • Itaituba • Jacareacanga • Humaita • Labrea • Boa Vista
Climats	équatorial et tropical
Moyens de locomotion	voiture, camions, pieds, cheval, vélos
Motifs de la route	politique, transport et commerce
Fréquentation	fermiers sans terre, exploitants forestiers, agriculteurs, éleveurs, routiers
Littérature	• Sébastien Lapaque, *Court voyage équinoxial*, carnets du Brésil, 2005. • Bernard Giraudeau, *Transamazonienne*, 1992.

La construction de la Transamazonienne entrait dans le cadre d'une politique de colonisation de l'Amazonie, mise en place par le régime militaire en 1970. Le PIN, Programme d'Intégration Nationale, voulait rééquilibrer le peuplement entre la région du Nordeste et l'Amazonie déserte. Le *Proterra* distribuait aux paysans sans terre du nord-est et du sud des parcelles, prises sur une bande de 10 kilomètres de part et d'autre de la route. Le chantier débuta par ses deux extrémités, et 2 500 kilomètres de route étaient achevés en 1972.

La Transamazonienne constitue l'axe central d'un réseau : tous les 5 kilomètres, des chemins de traverse en partent, vers le nord et vers le sud, pour desservir les exploitations. La Transamazonienne est surtout utilisée pour des déplacements et échanges locaux et elle a peu d'influence économique par rapport aux routes Belem/Brasilia et Cuiaba/Santarem.

La Transamazonienne ou BR 230 fait partie des routes fédérales transversales qui sillonnent le Brésil dans le sens Est/Ouest. Elle est en terre battue, pleine de trous à la saison sèche et de boue à la saison des pluies. La route longe l'Amazone au sud du fleuve qu'elle ne franchit jamais. En revanche, des ponts enjambent huit de ses affluents. Certaines rivières se traversent encore en bac. La construction toujours inachevée, est compliquée car il faut éviter buttes et marécages avant de procéder au déboisement, au terrassement et au nivelement.

L'Amazonie constitue une formidable réserve d'eau et le poumon de la terre. Or, le réseau transamazonien provoque une déforestation à grande échelle, qui entraîne une surexploitation de l'Amazonie et met en danger l'écosystème.

Chaque année, 25 000 km² de forêts sont détruits. De symbole du développement économique et social, la Transamazonienne est devenue synonyme de catastrophe écologique et de nombreux mouvements contestataires ont vu le jour. D'autant que des sociétés privées financent de nouvelles routes goudronnées, faisant encore reculer les frontières des forêts préservées.

VENEZUELA
COLOMBIE
Guyane (FR)
SURINAME
GUYANA
RORAIMA
AMAPÁ
Macapa
OCÉAN ATLANTIQUE
N
O
E
S
AMAZONAS
Manaus
Amazone
Belem
Altamira
Benjamin Constant
Itaituba
PARÁ
Maraba
MARANHÃO
Araguatins
Estreito
Pastos Bons
Fortaleza
CEARÁ
RIO GRANDE DO NORTE
PARAIBA
Picos
Patos
Cabedelo
Boa Vista
Jacareacanga
Labrea
Humaitá
Balsas
Floriano
PIAUI
PERNAMBUCO
Campina Grande
João Pessoa
Cachimbo
ACRE
Porto Velho
Rio Branco
RONDONIA
TOCANTINS
ALAGOAS
SERGIPE
Tocantins
Madeira
Xingu
Sao Francisco
MATO GROSSO
BAHIA
PÉROU
BRÉSIL
Salvador
DISTRITO FEDERAL
Cuiaba
GOIAS
Brasilia
BOLIVIE
Cordillère des Andes
MINAS GERAIS
OCÉAN ATLANTIQUE
MATO GROSSO DO SUL
Belo Horizonte
ESPIRITO SANTO
OCÉAN PACIFIQUE
Vitoria
Campo Grande
Parana
SAO PAULO
Rio de Janeiro
PARAGUAY
São Paulo
Santos
RIO DE JANEIRO
PARANA
Curitiba
CHILI
SANTA CATARINA
Florianopolis
RIO GRANDE DO SUL
Porto Alegre
ARGENTINE
0 500 1000 1500 2000 km
URUGUAY

Ce pèlerin en marche pour Saint-Jacques-de-Compostelle traverse le pays basque.

Arpenter les chemins de pèlerinage

«Quand nous fûmes dedans la ville
Nommée Bordeaux,
La confrérie nous invite à boire
Du vin nouveau
Du vin nouveau et du pain blanc
En abondance:
C'est pour les pauvres pèlerins
Qui vont traverser les Landes.

Quand nous fûmes dedans les Landes
Bien étonnés,
Nous avions de l'eau jusqu'à mi-jambes
De tous côtés.
Compagnons, nous faut cheminer
En grande journée,
Pour nous retirer de ce pays
De si grande rosée.»

Extrait de *La grande chanson des pèlerins de Saint-Jacques*, XVIe siècle.

La route du Hadj

Ce sont environ deux à trois millions de musulmans qui participent au Hadj chaque année.

Type de route	terrestre
Point de départ	La Mecque
Point d'arrivée	La Mecque
Longueur	environ 50 km
Date de création	632
Apogée	XXIe siècle (développement du transport aérien)
Pays traversé	Arabie Saoudite
Étapes importantes	La Mecque (Safâ, Marwah, Zamzam) • Mina • Muzdalifa • Arafât
Climat	désertique
Moyens de locomotion	à pied, en bus, en voiture
Fréquentation	pèlerins musulmans
Littérature	Le Coran

Il existait déjà des rites préislamiques en Arabie avec des processions autour de la Kaaba. Ce temple cubique abritait la Pierre noire, un météore à laquelle les populations locales rendaient un culte depuis l'Antiquité. En 630, les Arabes prirent La Mecque et détruisirent les idoles de la Kaaba dont l'islam attribua la construction à Abraham et son fils Ismaël. Selon la tradition coranique, les rites du Hadj furent institués par Allah pour rappeler les événements de la vie d'Abraham. Le prophète Muhammad en fit l'un des cinq piliers de l'islam, et lui-même accomplit, peu avant sa mort, un pèlerinage d'adieu qui fixa les étapes du Hadj.

Le Hadj est le cinquième et dernier pilier de l'islam. Le parcours débute à La Mecque, où les fidèles font d'abord sept fois le tour de la Kaaba, prient sur le lieu de naissance d'Abraham et font sept fois le trajet entre Safâ et Marwah (420 m) avant de boire à la source Zamzam, en souvenir de l'errance d'Agar, femme d'Abraham, à la recherche d'eau pour Ismaël. Les pèlerins se rendent le même jour à Mina (4 km) où ils restent jusqu'au matin suivant. Au lever du soleil, ils se rassemblent dans la plaine d'Arafât (à 20 km) et sur le mont « de Lumière », où Adam et Ève se seraient reconnus. Cette halte constitue le temps fort du Hadj. Puis, les fidèles continuent leurs prières et vont ramasser des cailloux à Muzdalifa, avant de revenir à Mina. Là, ils jettent leurs cailloux sur trois piliers en mémoire de la lapidation de Satan par Muhammad et ils sacrifient des moutons et des chèvres en souvenir d'Abraham. Les pèlerins font ensuite le chemin en sens inverse.

Ce grand pèlerinage se déroule du huitième au treizième jour du dernier mois du calendrier islamique, le Dhû al-Hijjah. Dans le Coran, il est précisé que chaque musulman qui en a les capacités physiques et les moyens financiers doit le faire une fois dans sa vie.

Amman
IRAK
JORDANIE
KOWEIT
Koweit
IRAN
Désert du Nefoud
Hedjaz
Golfe Persique
Détroit d'Ormuz
BAHREIN
Al Manamah
Doha
QATAR
Nedjed
Riyad
Médine
ARABIE SAOUDITE
Abu Dhabi
Golfe d'Oman
ÉMIRATS ARABES UNIS
Mascate
OMAN
Mer Rouge
La Mecque
Djedda
Taïf
Roub-al-Khali
OCÉAN INDIEN
0 100 200 300 400 km
Asir
ÉGYPTE
ÉRYTHRÉE
Sanna
YEMEN
Bad el Mandeb
DJIBOUTI
Djibouti
Venant de Médine
Venant de Riad
Venant de Djedda
Al-Masjed Al-Haram
Al-Marwah
Zamzam
Kaâba
La Mecque
Mina
Plaine de Mina
Les 3 Piliers
Muzdalifa
Plaine d'Arafât
Arafât
0 1 2 3 4 km
Venant de Taïf
N
O
E
S

Les chemins de Compostelle en France

Type de route	terrestre
Points de départ	Tours, Vézelay, Le Puy-en-Velay, Arles
Point d'arrivée	Saint-Jean-Pied-de-Port ou col du Somport
Longueur	• Tours à Saint-Jean Pied-de-Port : 675 km (total : 1466 km) • Arles au col du Somport : 768 km (total : 1 651 km) • Le Puy-en-Velay à Saint-Jean-Pied-de-Port : 730 km (total : 1522 km) • Vézelay à Saint-Jean-Pied-de-Port (via Nevers) : 1087 km (total : 1878 km) ou (via Bourges) : 1017 km (total : 1808 km)
Date de création	• 951 : premier pèlerin français • 1972 : création du sentier GR 65 « chemin de St-Jacques de Compostelle »
Apogée	Moyen Âge et depuis 1990
Déclin	XIXe siècle
Pays traversé	France
Étapes importantes	Tours • Poitiers • Bordeaux • Dax • Vézelay • Nevers ou Bourges • Limoges • Périgueux • Le Puy • Conques • Figeac • Moissac • Orthez • Arles • Montpellier • Toulouse • Auch • Oloron-Sainte-Marie • col du Somport
Climat	tempéré
Moyen de locomotion	à pied ou à cheval
Fréquentation	pèlerins
Littérature	• Le premier *Guide du pèlerin* d'Aimery Picaud, moine poitevin, dans le *Liber Sancti Jacobi (Codex Callixtinus)*, 1130-1150 • Chemins classés en 1987 « Itinéraires Culturels Européens » et inscrits en 1998 au Patrimoine mondial de l'Unesco

Surnommés jacquets ou jacquots, ils voyageaient à pied, à cheval ou en bateau, et toujours en groupe.

Brigands et « coquillards », des mendiants déguisés en pèlerins, étaient si nombreux sur le chemin de Compostelle que la pointe du bourdon s'aiguisa de plus en plus au fil du temps.

Selon une légende chrétienne datant du Moyen Âge, l'apôtre Jacques le Majeur aurait évangélisé l'Espagne avant d'être décapité en l'an 43 à Jérusalem. Son corps aurait alors été ramené et enterré en Galice. Au IXe siècle, un ermite eut la révélation du lieu de la tombe. En défrichant, on découvrit en effet une sépulture que l'on attribua à saint Jacques. Un culte s'y développa et des miracles furent attestés par l'Église.

La réputation de Compostelle dépassa vite les frontières de l'Espagne et des pèlerins arrivèrent bientôt de toute l'Europe. Ils entreprenaient le plus souvent ce pèlerinage pour accomplir un vœu, demander une guérison ou faire acte de pénitence.

Le jacquet ne se séparait jamais de sa besace ni de son bourdon, béni par un prêtre au moment du départ, auquel il accrochait son chapelet et sa gourde. Dans sa besace, il conservait ses sauf-conduits, ses attestations de pèlerinage et ses méreaux, les jetons qui servaient de monnaie aux pèlerins. Son bourdon de bois lui permettait de tâter le terrain et d'assurer son équilibre mais aussi sa sécurité !

En France, aujourd'hui, de nombreux pèlerins partent du Puy. Au Moyen Âge, il existait quatre routes principales qui partaient de sanctuaires importants : Vézelay pour la Via Lemovicensis, le Puy pour la Via Podiensis, Tours pour la Via Turonensis, Arles pour la Via Tolosana. Ces chemins balisés étaient jalonnés de lieux d'accueil où les jacquets étaient nourris, logés, vêtus et soignés si besoin.

Tours
Vézelay
Le Puy
Arles
Col du Somport
Roncevaux
via Turonensis
via Lemovicensis
via Podiensis
via Tolosana
Venant du Mont-St-Michel
Venant de Chartres
Venant de Paris et Bruxelles
Venant de Luxembourg par Reims
Venant de Prague Cracovie par Besançon
Venant de Vienne
Venant de Turin
Venant de Rome
FRANCE
SUISSE
ITALIE
ESPAGNE
ANDORRE
OCÉAN ATLANTIQUE
Mer Méditerranée
Poitou
Limousin
Auvergne
Bourgogne
Quercy
Rouergue
Velay
Gascogne
Languedoc
Provence
Alpes
Pyrénées
Loire
Allier
Rhône
Garonne
Lac Léman
N
S
E
O
Vannes
Le Mans
Troyes
Orléans
Angers
Nantes
St-Nazaire
Saumur
Poitiers
Bourges
Dijon
Limoges
La Rochelle
Rochefort
Saintes
Royan
Bordeaux
Périgueux
Clermont-Ferrand
Lyon
Genève
Lausanne
Berne
Grenoble
Valence
Cahors
Agen
Moissac
Toulouse
Auch
Pau
Tarbes
Lourdes
Bayonne
Biarritz
Pampelune
Carcassonne
Montpellier
Nîmes
Avignon
Marseille
Toulon
Nice
Monaco
Cannes
Perpignan
Narbonne
Puente la Reina
Île d'Yeu
Île de Ré
Oléron
Îles d'Hyères
0
25
50
75
100 km

Le Camino Frances en Espagne

Type de route	terrestre
Points de départ	Saint-Jean-Pied-de-Port
Point d'arrivée	Saint-Jacques-de-Compostelle (Santiago de Compostela)
Longueur	791 km
Date de création	IXe siècle
Apogée	Moyen Âge, fin XXe siècle
Déclin	XIXe siècle
Régions traversées	Navarre, Rioja, Castilla y Leon, Galice
Étapes importantes	33 étapes, dont : Roncesvalles • Pampelune • Logroño • Burgos • Leon • Astorga • Ponferrada • Sarria
Climats	continental et montagnard
Moyens de locomotion	à pied ou à cheval
Fréquentation	pèlerins, roi Alphonse II d'Aragon (IXe siècle), l'évêque du Puy Godescalc (Xe siècle), Guillaume X d'Aquitaine
Littérature	*Le pèlerin de Compostelle* de Paulo Coelho, 1996.

À partir de Puente la Reina, la route de Saint-Jacques s'appelle en espagnol le *Camino Frances*, chemin des Français.

La tombe de saint Jacques a été découverte dans une région d'Espagne non conquise par les Maures. On raconte que, peu de temps après, l'Apôtre apparut dans le ciel, monté sur un cheval blanc, et qu'il aida le roi Alphonse III à remporter la victoire de Clavijo sur les Maures en 844.
C'est ainsi que Jacques, devenu l'emblème de la Reconquête, prit l'allure d'un saint guerrier combattant à cheval, le *Matamore* (tueur de Maures).

Cette figure de héros de la Reconquête séduisit la chevalerie française et l'incita à venir à Compostelle en pèlerinage. Parmi eux, Guillaume X d'Aquitaine, père d'Aliénor, mort sur le chemin en 1137, eut l'honneur d'être enterré au pied de l'autel, dans le chœur de la cathédrale.

Une fois passée la frontière espagnole, à Puente la Reina, les grandes routes se rejoignent en une seule : le *Camino Frances* (chemin français). Il tient son nom du fait que le premier étranger de renom à faire le pèlerinage fut un évêque français. Le point culminant de ce chemin se situe à El Poyo (1 337 m), après le passage du col du Cebreiro. De là on redescend vers Triacastela où, au XIIe siècle, chaque pèlerin recevait des moines du monastère une pierre à porter sur 100 km jusqu'au four à chaux de Castaneda près de Melide, contribuant ainsi à édifier la cathédrale de Compostelle.

De Najera à Burgos, la route doit en partie son tracé à l'intervention de moines sur le terrain. Au XIe siècle, saint Dominique de la Chaussée et saint Jean des Orties ont fait un formidable travail de cantonniers, édifiant des ponts et des hôpitaux.

Saint Dominique mourut en demandant, par humilité, à être enterré sous le chemin. Mais, les habitants, le reconnaissant comme un saint, édifièrent sur sa tombe un mausolée qui oblige les pèlerins à faire un détour !

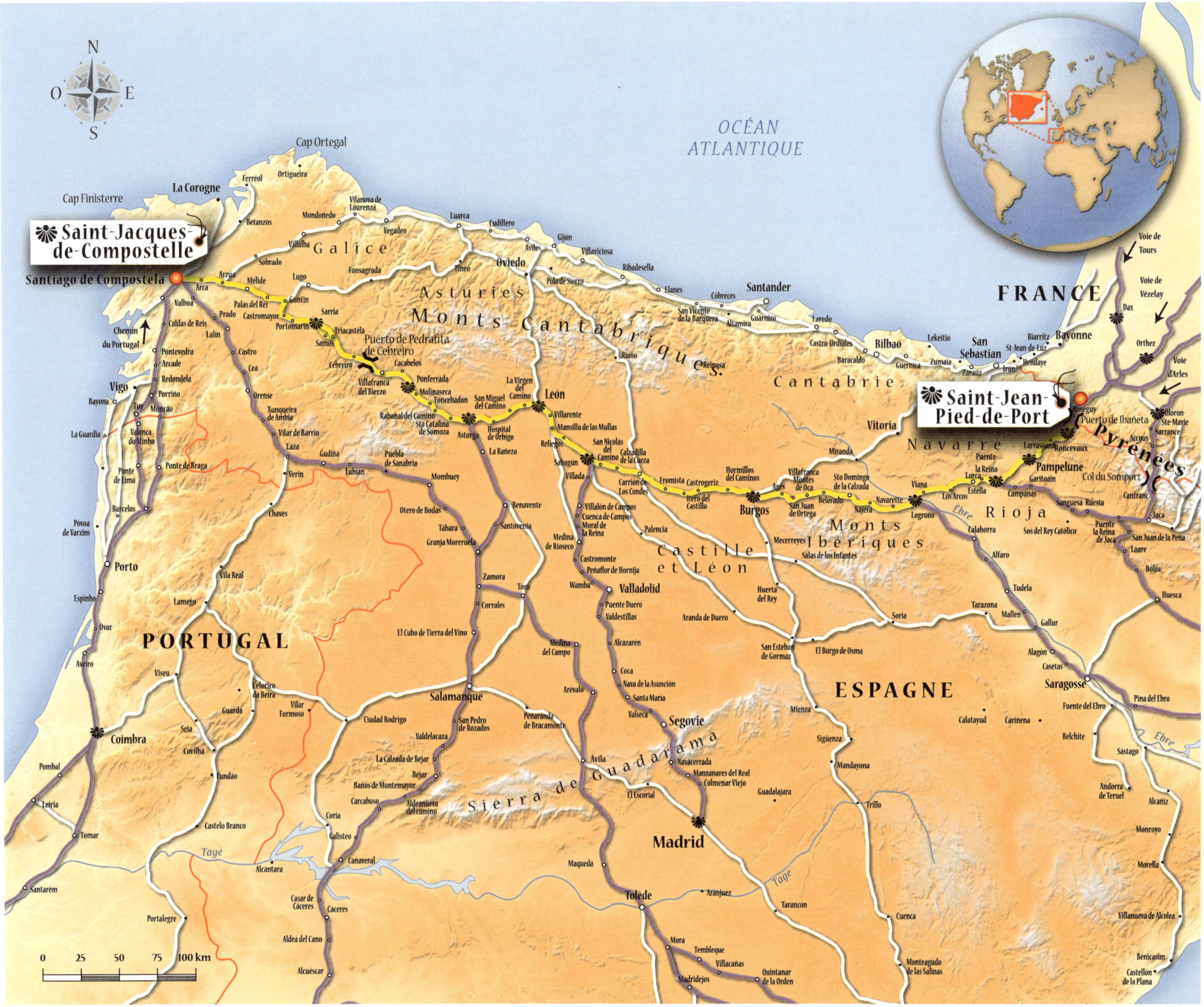
N
O
E
S
OCÉAN
ATLANTIQUE
Cap Ortegal
Cap Finisterre
La Corogne
Ferréol
Ortigueira
Betanzos
Mondoñedo
Vilanova de Lourenzá
Luarca
Cudillero
Vegadeo
Gijón
Avilés
Villaviciosa
Ribadesella
Saint-Jacques-de-Compostelle
Santiago de Compostela
Galice
Asturies
Monts Cantabriques
Oviedo
Pola de Siero
Llanes
Cóbreces
Santander
San Vicente de la Barquera
Altamira
Guarnizo
Laredo
Castro-Urdiales
Bilbao
Baracaldo
Guernica
Lekeitio
Zumaia
Zarauz
San Sebastian
Irun
Biarritz
St-Jean-de-Luz
Hendaye
Bayonne
FRANCE
Voie de Tours
Voie de Vézelay
Voie d'Arles
Dax
Orthez
Oloron-Ste-Marie
Sarrance
Saint-Jean-Pied-de-Port
Puerto de Ibañeta
Roncevaux
Pyrénées
Col du Somport
Canfranc
Jaca
Cantabrie
Navarre
Pampelune
Vitoria
Miranda
Rioja
Logroño
Ebre
Arzua
Arca
Melide
Sobrado
Vilalba
Lugo
Palas del Rei
Castromayor
Guntin
Portomarín
Sarria
Triacastela
Samos
Fonsagrada
Tineo
Puerto de Pedrafita de Cebreiro
Cebreiro
Cacabelos
Villafranca del Bierzo
Ponferrada
Molinaseca
Foncebadon
Rabanal del Camino
Sta Catalina de Somoza
Astorga
San Miguel del Camino
Hospital de Órbigo
La Virgen del Camino
León
Villarente
Mansilla de las Mullas
Reliegos
Sahagún
San Nicolás del Camino
Calzadilla de la Cueza
Villada
Carrión de Los Condes
Fromista
Castrogeriz
Itero del Castillo
Hormillos del Caminos
Burgos
Agés
Villafranca Montes de Oca
San Juan de Ortega
Belorado
Sto Domingo de la Calzada
Nájera
Navarette
Viana
Los Arcos
Estella
Lorca
Puente la Reina
Campanas
Garitoain
Larrasoaña
Sangüesa
Ruesta
Puente la Reina de Jaca
San Juan de la Peña
Riaño
Reinosa
Padrón
Caldas de Reis
Valboa
Lalín
Prado
Castro
Cea
Orense
Xunqueira de Ambía
Vilar de Barrio
Laza
Verín
Gudiña
Lubián
Puebla de Sanabria
Mombuey
Chemin du Portugal
Pontevedra
Arcade
Redondela
Vigo
Porriño
Tuy
Monção
Bayona
La Guardia
Valença do Minho
Ponte de Lima
Ponte de Braga
Barcelos
Póvoa de Varzim
Porto
Espinho
Ovar
Aveiro
Chaves
Vila Real
Lamego
PORTUGAL
Viseu
Celorico da Beira
Guarda
Vilar Formoso
Seia
Covilhã
Coimbra
Fundão
Pombal
Leiria
Castelo Branco
Tomar
Santarém
Portalegre
Tage
Alcántara
La Bañeza
Benavente
Santovenia
Otero de Bodas
Tábara
Granja Moreruela
Zamora
Corrales
Toro
El Cubo de Tierra del Vino
Salamanque
Ciudad Rodrigo
San Pedro de Rozados
Valdelacaza
La Calzada de Béjar
Béjar
Baños de Montemayor
Carcaboso
Aldeanueva del camino
Coria
Galisteo
Cañaveral
Casar de Cáceres
Cáceres
Aldea del Cano
Alcuéscar
Villalón de Campos
Cuenca de Campos
Moral de la Reina
Medina de Rioseco
Castromonte
Peñaflor de Hornija
Wamba
Valladolid
Puente Duero
Valdestillas
Alcazarén
Medina del Campo
Arévalo
Coca
Nava de la Asunción
Santa María
Valseca
Segovie
Peñaranda de Bracamonte
Ávila
Navacerrada
Manzanares del Real
Colmenar Viejo
El Escorial
Sierra de Guadarrama
Madrid
Maqueda
Tolède
Aranjuez
Mora
Tembleque
Villacañas
Madridejos
Quintanar de la Orden
Palencia
Castille et Léon
Mecerreyes
Salas de los Infantes
Monts Ibériques
Huerta del Rey
Aranda de Duero
San Esteban de Gormaz
El Burgo de Osma
Soria
ESPAGNE
Atienza
Sigüenza
Mandayona
Guadalajara
Trillo
Tarancón
Cuenca
Monteagudo de las Salinas
Calahorra
Alfaro
Tudela
Tarazona
Mallén
Gallur
Alagón
Casetas
Saragosse
Calatayud
Cariñena
Fuente del Ebro
Pina del Ebro
Belchite
Sástago
Andorra de Teruel
Alcañiz
Monroyo
Morella
Villanueva de Alcolea
Benicasim
Castellón de la Plana
Sos del Rey Católico
Loarre
Bolea
Huesca
0
25
50
75
100 km

Pèlerinages dans les monts Kii

Type de route	terrestre
Point de départ	Tanabe, Koyasan, Kyoto, Osaka
Points d'arrivée	Yoshino et Omine, Kumano Sanzan, Koyasan
Longueur	278 km
Date de création	période Heian (794-1192)
Apogée	X-XIe siècle, époque Edo (1603-1868), 2004
Pays traversé	Japon
Étapes importantes	Yoshino • Omine • Koyasan • Kumano Sanzan • Tanabe
Climat	très pluvieux
Moyen de locomotion	à pied
Fréquentation	pèlerins shintoïstes et bouddhistes, empereur Shirakawa, 1087
Littérature	• Récit de la fondation des montagnes (*Shozan engi*), compilation de textes fin XIIe siècle, récit du pèlerinage légendaire de En-l'Ascète à Kumano • *Ryojin hisho*, recueil de chants populaires japonais, réunis par l'empereur Go-Shirakawa, 1179

Au cœur des forêts et des chutes d'eau des monts Kii, qui surplombent de plus de mille mètres l'océan Pacifique, se nichent trois sites sacrés reliés par des chemins de pèlerinage. Les sanctuaires de Yoshino et Omine, Kumano Sanzan et Koyasan attirent chaque année plus de 15 millions de pèlerins et de randonneurs.

Ces lieux attestent d'une ancienne tradition de sanctification des montagnes. Déjà dans l'Antiquité, les hommes venaient ici rendre un culte à une nature considérée comme résidence des dieux. L'architecture et les rituels des sanctuaires des monts Kii, qui datent pour certains du IXe siècle, témoignent de la fusion de deux courants religieux: le shintoïsme, ancré dans le culte de la nature, et le bouddhisme, venu de Chine et de la péninsule coréenne.

Inscrits au Patrimoine mondial en 2004, ces chemins de pèlerinage, nommés *Kumano Kodo*, sont formés de routes en provenance d'Osaka (*Kiiji*) et de Kyoto (*Iseji*) et d'un réseau de sentiers. Le petit sentier ou *Kohechi*, part de Koyasan (70 km), le sentier moyen ou *Nakahechi*, de Tanabe (88 km), le grand sentier ou *Ohechi*, vient aussi de Tanabe, mais il passe par la côte et Kushimoto (120 km). Ces sentiers sont en partie pavés de larges pierres. À l'époque Edo, ils étaient jalonnés de bornes, disposées tous les 500 mètres environ (un *ri*), de statues, de *Tojis* (portails), et de quatre-vingt-dix-neuf *Oji*, des sanctuaires secondaires.

Aux XIe et XIIe siècles, la famille impériale partait en pèlerinage avec une suite de plus de 200 personnes comme « une procession de fourmis »! 30 à 40 jours étaient nécessaires pour effectuer l'aller-retour avec de nombreuses haltes destinées à prier, se purifier et faire des offrandes aux divinités.

JAPON
Lac Biwa
Kyoto
Nagoya
N
O
E
S
Honshu
Kameyama
Tsu
Baie d'Ise
Osaka
Kobé
Mer Intérieure
Baie d'Osaka
Uda
Toba
Awaji
Sumoto
Yoshino
Kinokawa
Omine
Wakayama
Koyasan
Narito
Kainan
Kii
Kumano Kodo (Iseji)
Arida
Kumano Kodo (Kohechi)
de
Owase
Kumano Kodo (Kiiji)
Massif
OCÉAN PACIFIQUE
Shikoku
Détroit de Kii
Kumano Sanzan
Kumano
Gobo
Oyunohara
Tanabe
Shingu
0 10 20 30 40 km
Kumano Kodo (Ohechi)
Kushimoto
Cap Shiono

La route des dieux dans le nord de l'Inde

Type de route	terrestre
Point de départ	Leh
Point d'arrivée	Varanasi (ancienne Benarès)
Longueur	entre 1500 et 2000 km environ selon la saison et l'itinéraire au Ladakh
Date de création	1882 par le Maharaja du Cashemire Gulab Singh
Ouverture	entre Leh et Manali route ouverte seulement de juin à septembre
Déclin	1947 (Indépendance : partage de la route entre Pakistan et Inde), tracé Est entre Srinagar et Leh, sous contrôle de l'Inde
Pays traversé	Inde
Étapes importantes	Ladakh (cols : Talang La, Rothang La) • Manali • Chandigarh • Rishikesh • Haridwar • Moradabad • Bareilly • Kanpur • Allahabad
Climats	continental et tropical
Moyens de locomotion	à pied, voiture, bus
Fréquentation	pèlerins hindouistes et bouddhistes

En Inde, le pèlerinage est une tradition prônée par l'hindouisme, apparu ici au IIIe millénaire avant notre ère : « Celui qui ne voyage pas ne peut jouir du bonheur » disait Brahman. Des millions de pèlerins arpentent les routes du pays, à la recherche du salut et chaque site lié à la mythologie hindoue est devenu une destination de pèlerinage. Mais l'hindouisme n'est pas la seule religion à attirer des pèlerins. Depuis le VIe siècle av. J.-C., de nombreux monastères bouddhistes ont fixé les étapes de la quête spirituelle du Bouddha qui prêcha sa doctrine dans le nord de l'Inde. Puis, à partir du VIIe siècle, l'islam se répandit sur la route de la soie. Le sikhisme, né de l'indouisme et de l'islam, apparut au XVe siècle. À la même époque, les églises chrétiennes se multiplièrent avec la fondation de comptoirs européens situés surtout le long des côtes.

Une route étroite, construite et entretenue par l'armée indienne, descend des hauts plateaux de l'Himalaya. Avec ses trois cols autour de 5000 mètres d'altitude, cette route, parmi les plus hautes voies carrossables du monde, n'est ouverte que de juin à septembre. Entre les cols, les lacets en épingle à cheveux s'enchaînent au rythme lent des embouteillages de camions ! Suspendues au rétroviseur, les effigies de Shiva, Vishnou ou Ganesh, le dieu éléphant, se balancent dans l'habitacle. Parfois, c'est un chapelet que le chauffeur a accroché. Une nouvelle route est en construction et ouverte partiellement. Surnommée « Tous temps », elle doit relier Leh à Chandigarh en 720 km. Ce projet, plus stratégique que socio-économique, est destiné à soutenir les forces indiennes au Ladakh.

Suspendues au rétroviseur, les effigies de Shiva, Vishnou ou Ganesh, le dieu éléphant, se balancent dans l'habitacle. Parfois, c'est un chapelet que le chauffeur a accroché.

Jalonnée de lieux saints, cette route est fréquentée par des pèlerins de toutes les religions. Avant de quitter Leh, le voyageur musulman se recueille à la mosquée, tandis que le bouddhiste allume une bougie au monastère tibétain Namgyal Tsemo Gompa. « Si ton cœur est assez pur, tu seras capable de voler d'une vallée à l'autre » murmure un lama. Plus loin, face au lac de Rewalsar, les bouddhistes voient dans le lotus la réincarnation du moine Padmasambhava, les hindouistes saluent l'esprit de Shiva transporté par les roseaux flottants, les sikhs se remémorent leur dixième gourou.

Parvenus à Benarès, ville sainte de l'hindouisme, les pèlerins rejoignent pieds nus le Gange, fleuve sacré pour se baigner dans ses eaux purificatrices.

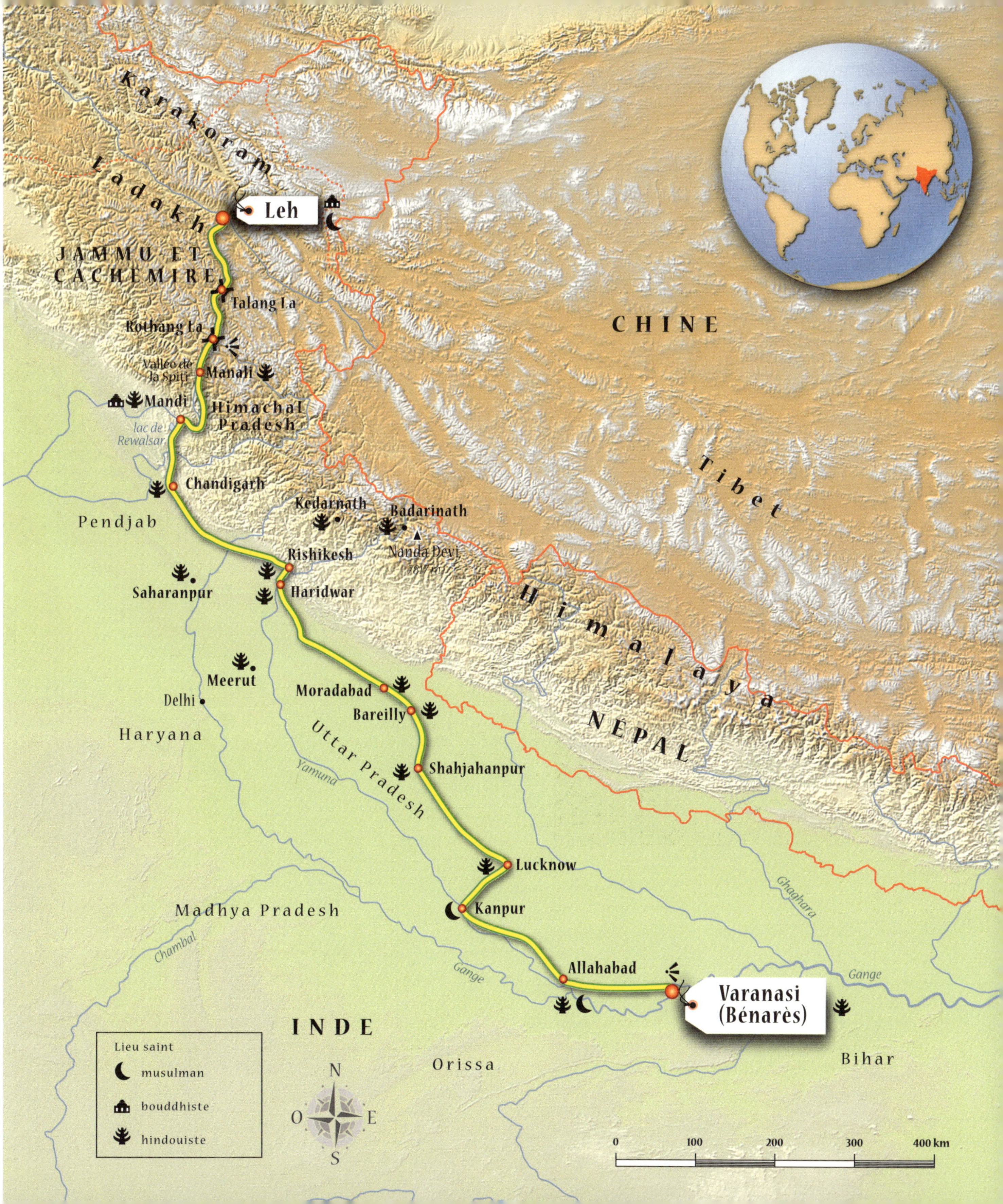
Karakoram
Ladakh
Leh
JAMMU-ET-CACHEMIRE
Talang La
Rothang La
Vallée de la Spiti
Manali
Mandi
Himachal Pradesh
lac de Rewalsar
Chandigarh
Pendjab
Kedarnath
Badarinath
Nanda Devi
Rishikesh
Haridwar
Saharanpur
Meerut
Delhi
Haryana
Moradabad
Bareilly
Shahjahanpur
Uttar Pradesh
Yamuna
Lucknow
Kanpur
Madhya Pradesh
Chambal
Allahabad
Gange
Varanasi (Bénarès)
Ghaghara
INDE
Orissa
Bihar
CHINE
Tibet
Himalaya
NEPAL
Lieu saint
musulman
bouddhiste
hindouiste
N
O
E
S
0
100
200
300
400 km

Les Hilloulas au Maroc

Type de route	terrestre
Point de départ	36 lieux saints
Date de création	XVIIe siècle
Apogée	XIXe siècle
Pays traversé	Maroc
Climats	méditerranéen, montagnard
Moyens de locomotion	voiture, à pied
Fréquentation	Pèlerins juifs, quelques musulmans

Au Maroc, une légende raconte comment rabbi Shlomo Bel Hansh réussit à arrêter la course du soleil. Le rabbi descendit un jour à dos de mule de la vallée de l'Ourika jusqu'à Marrakech pour servir d'arbitre dans un conflit. Une fois sa mission accomplie, le rabbi prit le chemin du retour avec sa mule. Mais, comme la nuit commençait à tomber, il fit une prière et, aussitôt, le soleil suspendit sa course dans le ciel et le temps s'arrêta. Le rabbi regagna son village d'Asguin sans encombre. Une fois arrivé à destination, il remercia le soleil et rendit grâce à Dieu. Cette légende est connue de tous les Berbères et rabbi Schlomo Bel Hansh est vénéré dans la vallée aussi bien par les juifs que par les musulmans.

Au Maroc, malgré plus de deux mille ans de présence du judaïsme, il existe peu de monuments qui célèbrent l'histoire de cette religion. Le culte s'est souvent reporté sur les tombes des grandes figures du judaïsme local que sont les grands rabbins devenus des saints. On compte plus de 650 figures hagiographiques au Maroc, parmi lesquelles trente-six revêtent une plus grande importance, leur nombre évoquant celui des trente-six Justes. Certains rabbins à la vie exemplaire, appelés Rabbi, sont réputés posséder un pouvoir d'intercession, ce qui explique pourquoi des milliers de juifs parcourent chaque année le pays pour visiter et se recueillir dans les sanctuaires de ces grandes figures.

Cette tradition s'est développée entre les XVIIe et XIXe siècles, et ses origines sont à rapprocher du culte des marabouts, attesté depuis le XVIe siècle chez les musulmans marocains. Les deux religions ont adopté les mêmes rites et les saints juifs sont, encore aujourd'hui, vénérés par les musulmans qui les implorent surtout pour demander une guérison.

Chaque année sont organisés de grands pèlerinages, appelés hilloulas, destinés à rendre hommage à un saint. Ces rassemblements durent plusieurs jours au cours desquels se succèdent des prières, l'allumage de cierges, des veillées, des chants, des danses. La vente aux enchères des bougies clôt les cérémonies. Chaque hilloula dure sept jours et constitue un événement non seulement religieux mais aussi social parce qu'il permet à la communauté juive, qui a, en grande partie, quitté le Maroc, d'y revenir et de renouer avec ses racines géographiques et ses traditions ancestrales.

Au sud de Marrakech, au cœur des montagnes berbères, la vallée verdoyante de l'Ourika reste une destination spirituelle privilégiée. Ici, ont vécu et enseigné des rabbins juifs réputés pour leur sagesse, en particulier rabbi Shlomo Bel Hansh qui vécut au XVIIe siècle. Sa tombe, à Aghbalou, est devenue un lieu de pèlerinage important.

ESPAGNE
Détroit de Gibraltar
Mer Méditerranée
N
O
E
S
Tanger
Tétouan
Alcazarquivir
Ksar el-Kebir
Ouezzane
Rif
Sebou
Salé
Rabat
Fez
Tazda
Debdou
Meknes
Séfrou
Casablanca
Chaoura
El Jadida (Mazagan)
Azemmour
OCÉAN ATLANTIQUE
MAROC
Moyen Atlas
Moulouya
Sidi Rahal
Dad
Settat
Oum er Rbia
Safi
Toulal
Djebilet
Tensift
Demnate
Ksar es-Souk
Aghbalou
Essaouira (Mogador)
Marrakech
Tafilalet
Tinérir (Gorge de Todhra)
Rissani
Haut Atlas
Ouarzazate
Vallée de l'Ourika
Sous
Tabia
Tazenakht
Agadir
Taroudant
Anti Atlas
ALGÉRIE
Hama du Draa
Draa
0
100
200
200
400 km

Paysage corse près du Capo Rosso, au Sud du Golfe de Porto.

S'évader au cœur de la nature

« La route suivait d'abord le golfe pour s'enfoncer dans une vallée peu profonde allant vers les grands monts. Souvent on traversait des torrents presque secs ; une apparence de ruisseau remuait encore sous les pierres, comme une bête cachée, faisait un glouglou timide. [...]
Les sommets de granit rose ou bleu donnaient au vaste paysage des tons de féerie ; et, sur les pentes plus basses, des forêts de châtaigniers immenses avaient l'air de buissons verts tant les vagues de la terre soulevée sont géantes en ce pays. »

Guy de Maupassant, *Une Vie*, 1883.

La côte amalfitaine

Type de route	terrestre, côtière
Point de départ	Sorrente
Point d'arrivée	Salerne
Longueur	45 km
Date de création	débuts des travaux : 1816
Achèvement	1853
Pays traversé	Italie
Étapes importantes	Positano • Praiano • Furore • Amalfi • Atrani • Ravello
Climat	Méditerranéen
Moyens de locomotion	en voiture, en bus, à pied
Motifs de la route	transport, tourisme
Fréquentation	artistes, acteurs et écrivains : Paul Klee, Cocteau, Picasso, Steinbeck, Maria Orsini Natale, Roberto Rossellini et Anna Magnani ; touristes
Cinéma	film de Roberto Rossellini *L'Amore*, tourné en partie à Furore, 1948.

La côte amalfitaine doit son nom à la ville d'Amalfi construite par les Romains à flanc de falaise et au fond d'une gorge. Devenue État indépendant en 839 et première république maritime italienne, Amalfi partageait alors avec Venise le monopole du commerce méditerranéen avec l'Orient. Grâce à son vaste réseau de colonies implantées dans les mondes byzantin et musulman, elle joue aussi un rôle culturel, favorisant les contacts entre Orient et Occident. À partir du XIIe siècle, la cité maritime décline, concurrencée par Pise, et perd son indépendance.

Amalfi fut rattachée au royaume des Deux-Siciles au XVe siècle, puis intégrée au royaume de Naples. Joseph Bonaparte, devenu roi de Naples en 1806, se rend à Amalfi l'année suivante. Lors de son séjour, il promet aux habitants de construire une route pour relier la cité côtière isolée au reste du royaume. Ce projet est mis en œuvre en 1811 par son successeur Joachim Murat. Cette première voie carrossable doit desservir les communes des côtes amalfitaine et sorrentine. En 1816, sous les Bourbons, débute la construction de la route entre Vietri et Amalfi, qui est achevée en 1853.

Une route en lacets relie tous les villages suspendus entre ciel et mer qui bordent la côte. Entre deux cités, elle serpente parmi des vignobles, des plantations d'oliviers et des champs d'orangers ou de citronniers cultivés en terrasses. Sur cette route étroite, construite en corniche, deux bus ont du mal à se croiser. Cela rend la circulation plutôt chaotique, et l'usage du klaxon est vivement conseillé dans les virages ! Tandis que le conducteur gardera un œil attentif sur la chaussée, les voyageurs profiteront du spectacle offert par la nature, entre mer et falaise, et par les monuments chargés d'histoire. Durant mille ans, des églises, châteaux, tours de guet et couvents ont été édifiés sur la côte, mêlant différents styles architecturaux, aux influences arabe, byzantine, normande et baroque.

Les peintres sont venus y puiser l'inspiration et certaines œuvres de Paul Klee ou Picasso reproduisent les couleurs fortes, les lignes verticales et les formes cubiques des lieux. À Furore, des fresques murales et des sculptures en plein air évoquent l'homme et la mer. Les cinéastes ont profité de ce cadre enchanteur pour y planter le décor de leurs films. Roberto Rossellini vécut ici une belle passion avec Anna Magnani. À cette époque, Positano était la station balnéaire chic où il fallait se montrer. Ce village marin a conservé un style glamour, alignant les boutiques de mode où l'on peut acheter des sandales réalisées à la main sur mesure et des tuniques aux motifs abstraits et fluos...

La Cape Route 62

Type de route	terrestre
Point de départ	Le Cap
Point d'arrivée	Port Elizabeth
Longueur	850 km
Date de création	XIXe siècle
Déclin	1958
Pays traversé	Afrique du Sud
Étapes importantes	Montagu • Ladysmith • Calitzdorp • Oudtshoorn
Climat	océanique
Moyens de locomotion	voitures, motos (Harley Davidson)
Motifs de la route	transport local, tourisme
Fréquentation	fermiers, viticulteurs, touristes, fans d'Harley Davidson

L'histoire de la route 62 en Afrique du Sud ressemble à celle de la Route 66 aux États-Unis. En effet, elles furent toutes les deux construites pour servir d'axe routier Est/Ouest reliant de nombreuses villes entre elles. Puis, toutes les deux furent progressivement abandonnées au fur et à mesure de la construction d'une autoroute suivant un tracé parallèle plus direct. Dans la région du Cap, la Highway N2, achevée en 1958, marqua une forte baisse de la fréquentation de la 62, affectant sensiblement l'économie locale.

Elle est réputée pour la variété de ses paysages composés de vignobles, montagnes, cours d'eau, plages.

La Cape Route 62 devint alors l'alternative esthétique et touristique à l'autoroute entre Le Cap et Port Elizabeth, proposant un périple à travers les régions du Cap occidental et du Cap oriental. Elle est réputée pour la variété de ses paysages composés de vignobles, de montagnes, de cours d'eau, de plages, de vallées à la végétation abondante et variée.

Surnommée aussi la route «de Montagne», elle recèle plusieurs cols à la vue saisissante. De nombreux ouvrages d'art ouvrent des passages vertigineux dans sa partie montagneuse. La route 62 invite ensuite les voyageurs à sillonner des régions rurales actives et prospères notamment les vignobles, à l'Ouest. On est ici sur la plus longue route des vins au monde.

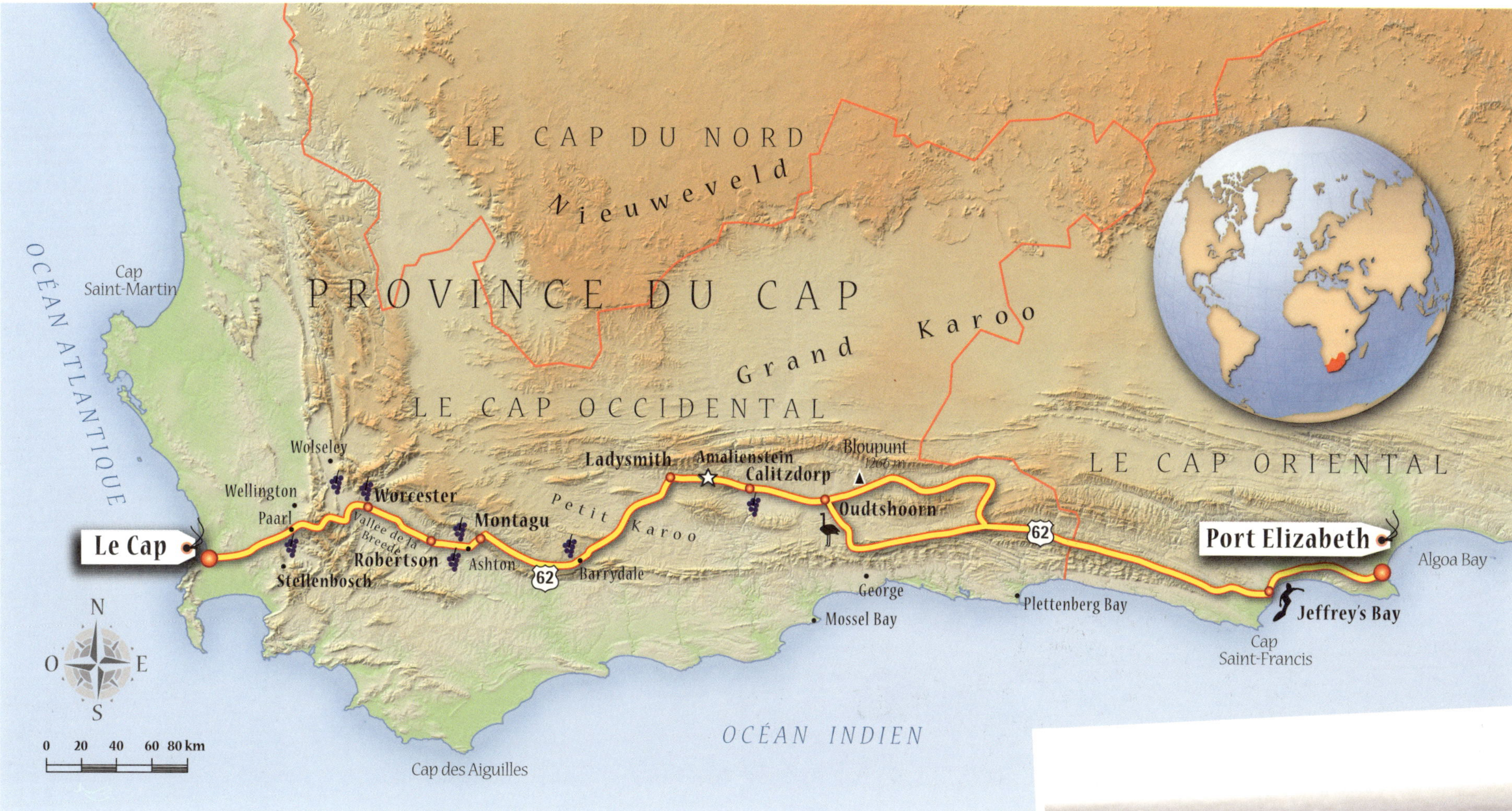

Entre Robertson et Oudtshoorn se situent les vignobles de la vallée de la Breede. Puis ce sont les plaines semi-désertiques, les montagnes aux passes vertigineuses du Petit Karoo, aux falaises et ravins impressionnants. Du haut du Bloupunt (1 266 m), point culminant de la route, la vue à 360° est éblouissante. Tout le long de la route, les activités sont variées: bains dans les sources d'eau chaudes à 42 °C de la ville de Montagu, dégustation du vin doux de Calitzdorp, visite de fermes d'autruches à Oudtshoorn. Cette capitale mondiale de l'élevage d'autruches a largement profité de la mode des plumes au début du XXe siècle et a su ensuite se reconvertir dans le travail du cuir et la production de viande.

La route offre l'avantage de desservir plusieurs voies touristiques : la route du vin, la route des jardins et la Sunshine Coast. Dans sa partie orientale, la route aligne les plages de sable fin et les lieux de villégiature au climat ensoleillé. Jeffrey's Bay est l'une des plus célèbres de ces stations balnéaires, le royaume des surfeurs, réputé pour sa vague mythique, la Supertube, l'une des plus belles au monde. Ici, se déroule chaque année en juillet le championnat *Billabong pro*, qui réunit sur l'eau champions et amateurs. Terminus de la route 62 : Port Elisabeth, troisième port et cinquième ville d'Afrique du Sud ; elle conserve des maisons victoriennes et s'étire le long de l'Algoa Bay.

La route 62 est une destination très prisée des touristes, des fans de Harley Davidson et des habitants du Cap, qui l'empruntent pour rejoindre des sentiers de randonnées, la ferme d'autruches à Oudtshoorn ou des plages.

La route des treks autour des Annapurnas

Le tour des Annapurnas est tellement réputé, que plus de 30 000 randonneurs s'y attèlent chaque année.

Type de route	terrestre
Point de départ	Bhulbhule
Point d'arrivée	Phokhara
Longueur	200 km
Date de création	1950
Pays traversés	Népal, Tibet
Étapes importantes	Ngadi • Jagat • Dharapani • Chame • Pisang • Manang • Ledar • Thorong • Phedi • Thorong Pass • Muktinath • Kagbeni • Marpha • Kalopani • Tatopani
Climat	glaciaire
Moyen de locomotion	à pied
Motif de la route	route sportive
Fréquentation	alpinistes, trekkeurs, marcheurs
Littérature	• *Annapurna, premier 8000*, autobiographie de Maurice Herzog, 1951.
Cinéma	• *Victoire sur l'Annapurna*, film de l'expédition, de Marcel Ichac, 1950.

3 juin 1950 : les alpinistes français Maurice Herzog et Louis Lachenal réussissent l'ascension de l'Annapurna I, à 8 091 mètres d'altitude. Les Français ont suivi leur aventure avec passion et cette victoire est un événement d'autant plus important que le Népal vient d'ouvrir ses frontières aux étrangers. Mais, leur exploit se révèle surtout exceptionnel car c'est le seul sommet de l'Himalaya de plus de 8 000 mètres à être ainsi gravi avec succès dès la première tentative. Aujourd'hui encore, l'Annapurna I est considéré comme le plus dangereux et le plus meurtrier des sommets du Toit du Monde ! Les Annapurnas se dressent au cœur de l'Himalaya et au centre du Népal, entre l'Inde et le Tibet.

Le massif des Annapurnas se dresse au cœur de l'Himalaya et au centre du Népal, entre l'Inde, au sud, et le Tibet, au nord.

À partir de Katmandou, il faut compter 6 heures de route pour atteindre Bhulbhule, point de départ du trek. De là, les étapes se succèdent pendant une dizaine de jours au milieu de paysages magnifiques : rizières en terrasses, forêts de conifères et de rhododendrons géants, hautes vallées cultivées du Tibet, moraines et cols enneigés. Les marches durent de trois à huit heures et mènent de 890 mètres à 5 416 mètres d'altitude dans un lieu appelé Thorong Pass, ce qui nécessite une bonne acclimatation. Certains itinéraires exigent aussi d'avoir le pied sûr et de ne pas souffrir du vertige : il faut par exemple emprunter le pont suspendu de Syangje, grimper un sentier qui serpente le long de

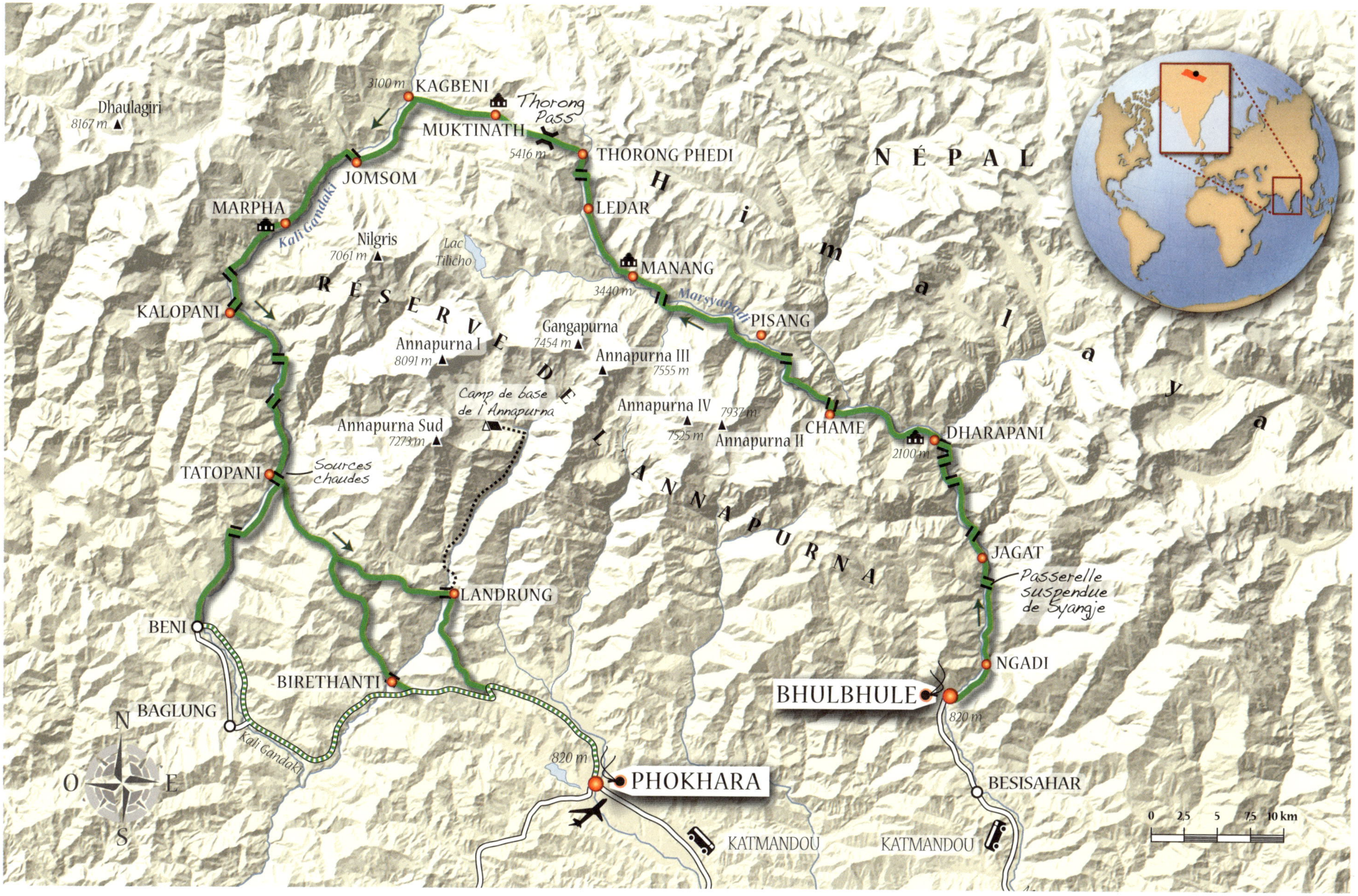

moraines jusqu'au Thorong Pass, battu par des vents forts… Un trek autour des Annapurnas ne se résume pas à une simple marche. Il permet de découvrir des régions isolées et les cultures préservées du Népal et du Tibet. À partir de Manang, on pénètre en pays manangi, caractérisé par les toits plats de ses maisons. Les habitants sont réputés pour leurs connaissances des plantes médicinales. De Kagbeni (3 100 m) à Marpha (2 690 m), la descente se fait au milieu d'un paysage désertique jalonné de places fortes tibétaines. On rejoint alors l'ancienne route des caravanes de la Kali Gandaki qui passe par les sanctuaires hindous et bouddhistes de Muktinath et les sources d'eau chaude de Tatopani.

Ici s'alignent les plus hauts sommets de la planète que l'on découvre au fur et à mesure du trek : la barrière des Annapurnas II (7 937 m), III (7 555 m), IV (7 525 m), le Gangapurna (7 454 m), le massif des Nilgris (7 061 m).

Quelques routes du vin en France

Type de route	terrestre
Longueurs	170 km (Alsace); 60 km (Bourgogne)
Étapes importantes	**Alsace:** 67 communes dont Ribeauvillé et Colmar **Bourgogne:** Gevrey-Chambertin • Vosne-Romanée • Nuits-Saint-Georges • Aloxe-Corton • Pommard • Auxey-Duresses •Chassagne-Montrachet
Climat	continental
Motifs de la route	tourisme, gastronomie
Types de cépages	**Alsace:** chasselas • gewurtztraminer • sylvaner • muscat d'Alsace • riesling •pinot blanc • pinot noir • Tokay pinot gris **Bourgogne:** Gamay • Aligoté • Pinot noir • Chardonnay

La route des vins en France recouvre en réalité plusieurs dizaines d'itinéraires différents qui sillonnent les 17 vignobles existants. Alsace, Jura, Champagne, Bourgogne, Beaujolais, Côtes du Rhône, Provence, Languedoc-Roussillon, Bordeaux, Bergerac, Armagnac, Cognac, Val de Loire... Du nord au sud, chacun de ces vignobles possède un paysage, une personnalité et une histoire qui lui sont propres. C'est pourquoi chaque route est unique. Pour les Côtes du Rhône, ce sont plus de douze routes qui parcourent le plus vaste vignoble de France. En Provence, les étapes de dégustation associent le vin à la cuisine. En Val de Loire, les châteaux Renaissance transforment la route des vins en un véritable itinéraire culturel.

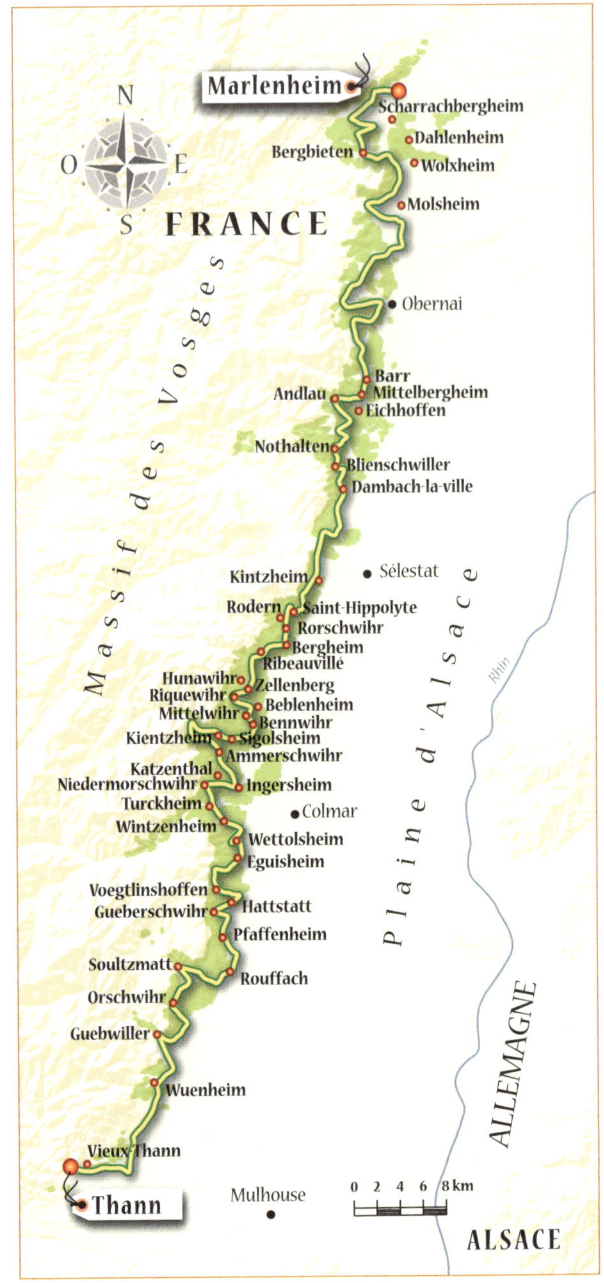

En Alsace, se trouve la plus ancienne route des vins de France, qui a déjà fêté ses 55 ans d'existence. C'est aussi l'une des plus longues, et nombreux sont les visiteurs qui n'en parcourent qu'un tronçon, celui entre Ribeauvillé et Colmar restant le plus fréquenté. Située au pied des Vosges, cette route offre l'avantage de l'authenticité. Elle serpente entre bois et vignobles et traverse des vil-

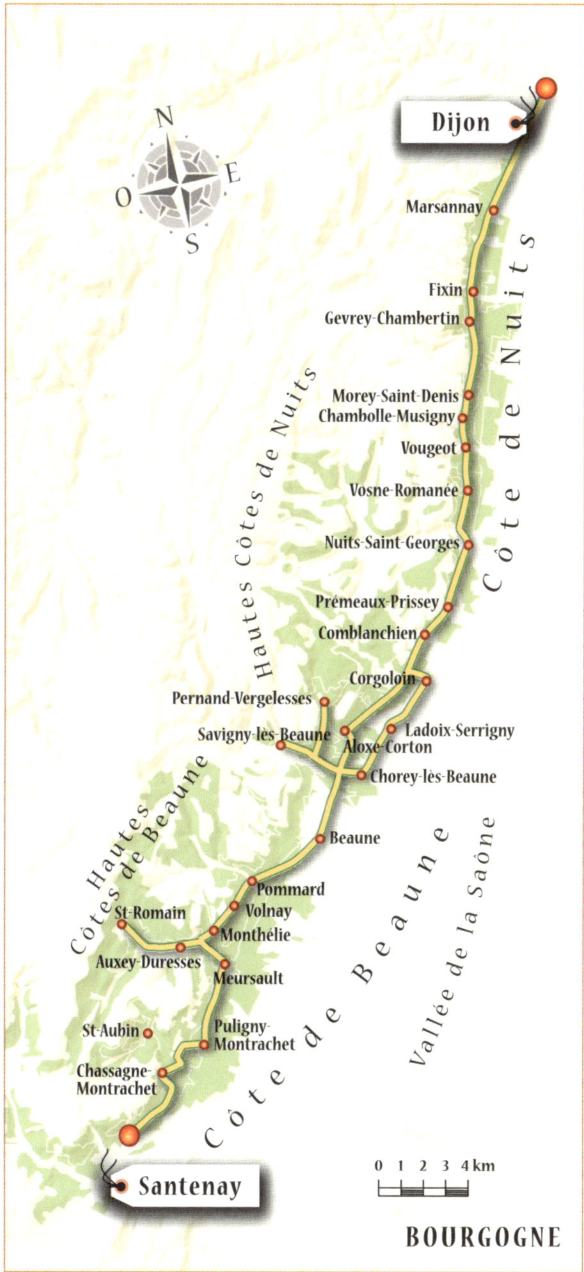

lages médiévaux aux balcons fleuris. Ses étapes proposent à la fois de multiples visites culturelles, châteaux, églises romanes, maisons Renaissance, musées, des découvertes liées à la fabrication du vin et au travail des vignerons, des promenades pédestres au cœur des vignes et de nombreuses animations, comme la fête des vins en juillet et celle des vendanges à l'automne.

La route des grands crus de Bourgogne sillonne le département de la Côte-d'Or. Elle débute à Dijon, capitale régionale, et s'achève, 60 kilomètres plus au sud, à Santenay. Son parcours, à travers les plus grands vignobles des vins de Côte de Nuits puis de Côte de Beaune, lui a valu le surnom de « Champs-Elysées de Bourgogne ». Ses étapes rappellent l'histoire du vin en France. En effet, les Gallo-Romains cultivaient déjà des vignes au Ier siècle à l'emplacement du vignoble de Nuits-Saint-Georges. Et, au XIXe siècle, Napoléon appréciait le vin du « champ de Bertin », devenu le Chambertin. D'autres étapes mènent aux hospices de Beaune et au château du Clos de Vougeot, où siège la Confrérie du Tastevin.

La route Jacques Cœur

Type de route	terrestre
Point de départ	château de Gien
Point d'arrivée	château de Culan
Longueur	200 km environ
Date de création	1954
Région traversée	Centre
Étapes importantes	Châteaux : Gien • La Verrerie • La Chapelle-d'Angillon • Menetou-Salon • Maupas • Palais Jacques-Cœur • Meillant • Ainay-le-Vieil • Culan Villes : Sancerre • Bourges • Aubigny-sur-Nère • Argent-sur-Sauldre • Dun-sur-Auron • Saint-Amand-Montrond Abbaye de Noirlac
Climat	tempéré
Moyen de locomotion	voiture
Motif de la route	historique, culturelle
Fréquentation	touristes (200 000/an)
Cinéma, art	• architecture et décors d'époque médiévale, de l'art roman au gothique avec un début d'art Renaissance, dans les châteaux et villes (maisons à pans de bois). • de nombreux téléfilms ont été tournés dans certains de ces châteaux.

La route compte aujourd'hui seize étapes, parmi lesquels sept châteaux privés, trois monuments publics et six villes, en particulier Gien.

Fils d'un marchand pelletier, Jacques Cœur naît à Bourges vers 1395. Peu enclin aux études mais très tôt initié au négoce, il réussit dans tous les domaines où il investit. Devenu armateur, il possède ses propres comptoirs dans plusieurs villes du royaume et ses bateaux sillonnent toute la Méditerranée, commerçant avec le Levant et les musulmans.

Promu Grand Argentier du Roi en 1439, conseiller et ambassadeur du royaume, Jacques Cœur fait construire un magnifique palais à Bourges.

Promu Grand Argentier du Roi en 1439, conseiller et ambassadeur du royaume, Jacques Cœur fait construire un magnifique palais à Bourges.

Mais sa fortune et son succès lui attirent des jalousies et l'homme est accusé de trafic d'influence et de fraude. Arrêté en 1451, il est condamné, emprisonné à Poitiers, et tous ses biens lui sont confisqués.

Les propriétaires des châteaux de Culan, Meillant et Ainay-le-Vieil, ont eu l'idée de créer cette route pour mettre leur patrimoine en valeur. Ils proposent donc un programme de visites, d'animations et d'exposition commun qui incite à découvrir plusieurs sites. Leur « Circuit des châteaux du Cœur de la France » prend, en 1961, le nom de « Route Jacques Cœur », grande figure qui a marqué de son empreinte la région Centre.

Trois de ces châteaux (Culan, Ainay-le-Vieil, Menetou-Salon) ont été achetés par Jacques Cœur à des seigneurs ruinés par la guerre de Cent Ans et contraints de vendre leurs biens. C'est ainsi que l'argentier possédait plus de 20 seigneuries et châtellenies. À cela s'ajoutaient une dizaine d'habitations de ville, dont une à Sancerre et une à Bourges ; le palais Jacques Cœur, construit entre 1443 et 1453, préfigure l'architecture et le confort des luxueuses demeures de la Renaissance.

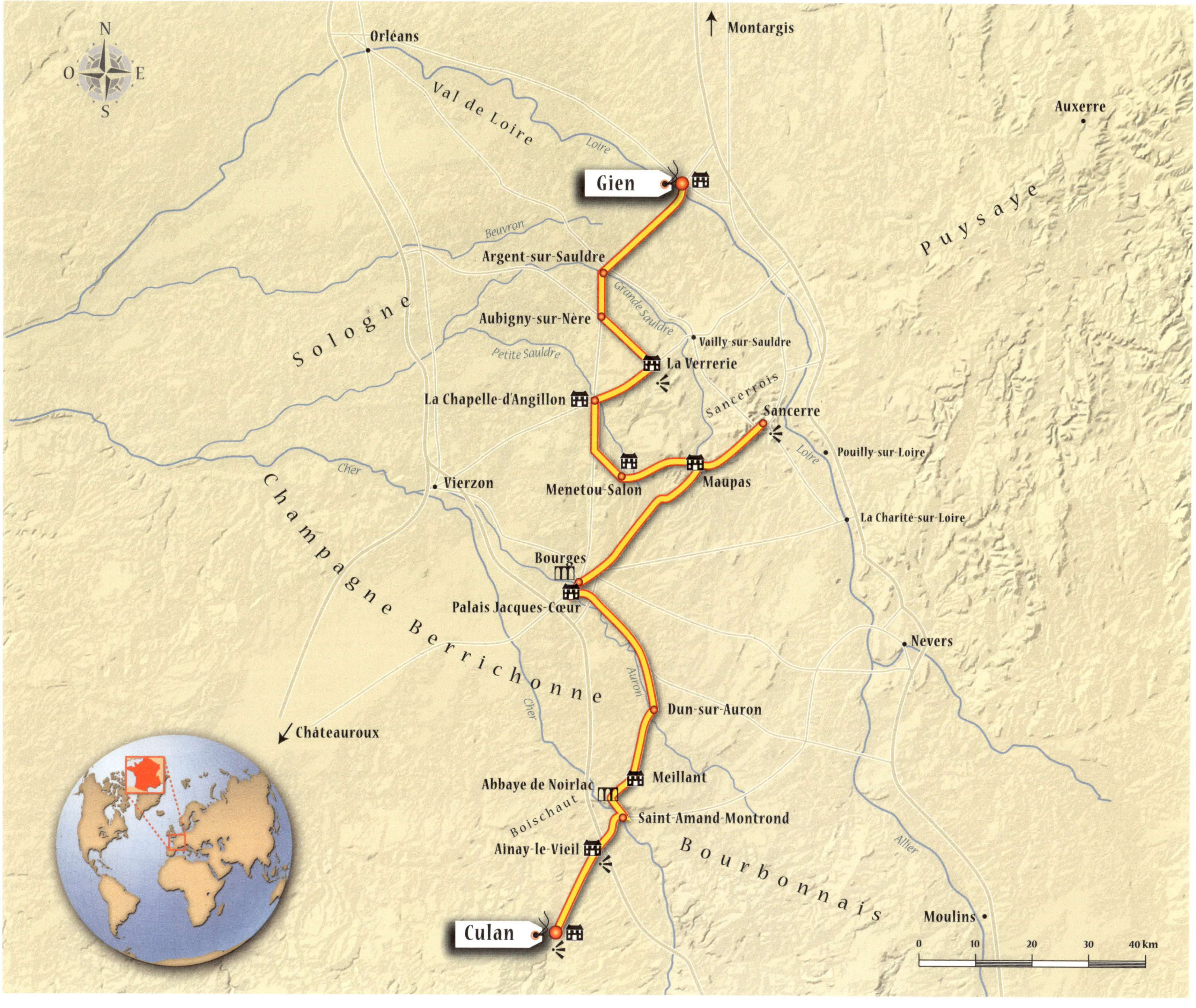
N
O
E
S
Orléans
Montargis
Val de Loire
Loire
Auxerre
Gien
Puysaye
Beuvron
Argent-sur-Sauldre
Grande Sauldre
Aubigny-sur-Nère
Vailly-sur-Sauldre
Sologne
Petite Sauldre
La Verrerie
La Chapelle-d'Angillon
Sancerrois
Sancerre
Pouilly-sur-Loire
Loire
Cher
Vierzon
Menetou-Salon
Maupas
La Charité-sur-Loire
Champagne Berrichonne
Bourges
Palais Jacques-Cœur
Nevers
Auron
Cher
Dun-sur-Auron
Châteauroux
Meillant
Abbaye de Noirlac
Saint-Amand-Montrond
Boischaut
Ainay-le-Vieil
Bourbonnais
Allier
Moulins
Culan
0
10
20
30
40 km

La Dempster Highway et la route de glace

Types de route	terrestre et glaciaire
Point de départ	Dawson
Point d'arrivée	• Dempster : Inuvik • Route de glace : Tuktoyaktuk
Longueur	• Dempster : 740 km • Route de glace : 187 km
Date de création	début des travaux : 1959 ; inauguration : 1979
Apogée	hiver
Déclin	été
Pays traversé	Canada (Yukon, Territoires du Nord-Ouest)
Étapes importantes	Dawson • Eagle Plains • Fort McPherson • Tsiigehtchic (Arctic Red River) • Inuvik
Climats	subarctique et arctique
Moyens de locomotion	poids lourds, voitures
Motif de la route	transport
Fréquentation	chauffeurs routiers, locaux
Littérature	*Hummocks* de Jean Malaurie, Tome 1, récit de voyage dans l'Arctique canadien.

Inaugurée le 18 août 1979, la Highway n°5 fut surnommée « Dempster », en souvenir d'un inspecteur de la gendarmerie Royale, connu pour patrouiller en traîneau à chiens entre Dawson et McPherson au début du XXe siècle.

En 1896, c'est la ruée vers l'or du Klondike sur les bords de la rivière Bonanza. Les chercheurs venus tenter leur chance par dizaines de milliers créent la ville de Dawson. Grâce à l'utilisation de gigantesques dragues pour extraire le sable de la rivière, la production dépasse le million d'onces d'or en 1900. Au milieu du XIXe siècle, on découvre aussi des gisements de pétrole et de gaz dans le delta du fleuve Mackenzie. Il est alors décidé de construire une piste de gravier praticable toute l'année pour relier le Yukon à l'Arctique canadien : la Highway n°5.

La construction dure vingt ans. Il faut mettre plus de deux mètres de gravier par endroit pour pallier l'instabilité du sous-sol gelé quand il dégèle, et modifier le tracé pour respecter les zones de passage des troupeaux de caribous sauvages. Cette route tracée à travers les forêts et la toundra est la plus septentrionale, la seule à dépasser le cercle polaire. Elle suit l'itinéraire emprunté par les Indiens Gwich'in pour rejoindre leurs campements saisonniers de chasse et de pêche et elle traverse leur territoire.

Passé Inuvik, les véhicules roulent sur le fleuve gelé : c'est la route de glace (*Ice Road*), ouverte de fin décembre à fin avril. Les panneaux signalant son ouverture affichent le tonnage autorisé pour les poids lourds. Cette voie saisonnière, tracée sur la surface gelée du fleuve Mackenzie, est entretenue et surveillée en permanence.
La neige, dégagée par les chasse-neige, forme des barrières sur les côtés. Quand la glace se fissure, on verse de l'eau qui gèle aussitôt et colmate la brèche. La route de glace s'achève à Tuktoyaktuk, mais le voyage peut se poursuivre à pied sur la mer de Beaufort, également gelée en hiver !

0
100
200
300
400 km
Mer de Beaufort
Pingo
Tuktoyaktuk
Delta du Mackenzie
Mackenzie
Route de glace
Inuvik
Aklavik
N
O
E
S
Brooks Range
ÉTATS-UNIS
Old Crow
Richardson Mountains
Tsiigehtchic
Fort McPherson
Mackenzie
Dempster Highway
Cercle polaire arctique
Fort Yukon
Cercle polaire arctique
Arctic Red River
Northwest Territories
Yukon
Eagle Plains
Peel
Ogilvie
Ogilvie Mountains
Fairbanks
Alaska
Mackenzie Mountains
CANADA
Monts Tombstone
Dawson
Tanana
Klondike
Yukon
Mount Denali Mc Kinley
Klondike
Tok
Bonanza
Yukon
Klondike Highway
Dawson Range
Gakora
Carmacks
Pelly
Wrangell Mountains
Alaska Highway
Anchorage
Whitehorse

Le GR 20 en Corse

Type de route	terrestre
Point de départ	Calenzana
Point d'arrivée	Conca
Longueur	200 km
Date de création	1972
Apogée	années 1980
Région traversée	Corse du Nord, Corse du Sud
Étapes importantes	Carrozzu • Haut-Asco • vallon de Tula • col de Vergio • Manganu • Petra Piana • L'Onda • Vizzavona • La Foce • Capanelle • col de Verde • San Gavino di Fiumorbo • Usciolu • Asinao • col de Bavella • Paliri
Climat	méditerranéen d'altitude et alpin
Moyen de locomotion	à pied
Motif de la route	sentier de randonnée, trekking
Fréquentation	bergers, randonneurs, touristes
Littérature	• *Une vie*, de Guy de Maupassant, 1883. • Topo-guide sur le GR20, édité par la Fédération française de la randonnée pédestre

Dans les années 1970, la Corse plaçait ses revendications sur un plan régionaliste, mais aussi environnemental et culturel. C'est dans ce contexte que naquit le Parc naturel régional de Corse destiné à freiner la désertification de l'intérieur de l'île. En même temps, le premier balisage du GR20 devait permettre de lancer le tourisme vert et de raviver le pastoralisme d'estive. Ce sentier de grande randonnée suivait en effet d'anciens chemins de transhumance et inter-villages.

Dans les années 1960, il était déjà question de créer en Corse un sentier de crête qui suive la ligne de partage des eaux. Le projet devint un chemin qui traverse la Corse du nord au sud en passant par les principaux massifs montagneux de l'île. Le succès fut immédiat et ne cesse encore de croître. On compte aujourd'hui environ 20 000 randonneurs sur le GR20 chaque année.

Très vite, des refuges de montagne ont été créé sur le GR, mais ils étaient de confort rudimentaire et ne proposaient pas de nourriture. Pour le ravitaillement, il fallait donc redescendre dans les villages de la vallée. Autant dire qu'à l'origine, ce chemin s'adressait aux sportifs, aux vrais ! Depuis, le sentier a été aménagé avec des passerelles, des échelles et des chaînes, les refuges ont gagné en confort et servent un repas le soir.

Le GR20 est considéré comme le trek le plus difficile d'Europe. Des descentes parfois vertigineuses succèdent aux montées souvent raides tout le long du chemin. Les Corses ne l'ont pas appelé « Fra di Monti » pour rien ! Mais sa réputation lui vient aussi de la beauté sauvage de ses paysages, de la richesse de sa faune et de sa flore. Il n'est pas rare en effet de croiser un renard ou un aigle royal, d'apercevoir un mouflon en équilibre à flanc de montagne ou un gypaète barbu étendre ses ailes de 2,50 mètres d'envergure.

N
O
E
S
Mer Méditerranée
Ersa
Rogliano
Pino
Luri
Cap Corse
Monte Stello
2307
Nonza
Erbalunga
Golfe de Saint-Florent
Désert des Agriates
Bastia
Saint-Florent
Oletta
Santo-Pietro-di-Tenda
L'Île-Rousse
Golfe de Calvi
Calvi
Algajola
Belgodère
Murato
Balagne
Muro
La Canonica
Calenzana
Ponte-Leccia
Golo
Vescovato
Asco
Haut-Asco
Popolasca
Morosaglia
Penta-di-Casinca
Carrozzu
Castagniccia
La Porta
Galeria
Monte Cinto
2706 m
Piedicroce
Girolata
Cervione
Calacuccia
Corte
Col de Verghio
1477 m
Golfe de Porto
Porto
Evisa
Monte Rotondo
2622 m
Capo Rosso
Piana
Manganu
Soccia
Petra Piana
Vezzani
Vivario
Vico
Liamone
L'Onda
Vizzavona
Cargèse
Ghisoni
Sagone
Col de Vizzavona
Aleria
1163 m
Capanelle
Bocognano
Golfe de Sagone
Col de Verde
Parc Naturel Régional de la Corse
Gravona
Ghisonaccia
1289 m
San Gavino di Fiumorbo
Capo di Feno
Ajaccio
Usciolu
Zicavo
Golfe d'Ajaccio
Îles Sanguinaires
Solenzara
Asinao
Taravo
Aiguilles de Bavella
Col de Bavella
Paliri
Coti-Chiavari
Petreto-Bicchisano
Aullène
1218 m
Conca
Capu di Muru
Carbini
Couvent
Levie
Golfe de Valinco
Propriano
Sainte-Lucie-de-Tallano
Rizzanese
L'Ospedale
Golfe de Porto-Vecchio
Massif de l'Ospedale
Ortolo
Sartène
Porto-Vecchio
Capu di Senetosa
Pianottoli-Caldarello
Figari
Réserve naturelle de îles Lavezzi
0
5
10
15
20 km
Bonifacio
Capo Pertusato
Îles Lavezzi

La route de Don Quichotte

Type de route terrestre
Point de départ Tolède
Point d'arrivée Albacete
Longueur 240 km
Date de création 2004
Apogée 2007
Pays traversé Espagne, région de la Mancha
Étapes importantes Puerto Lapice • moulins de Campo de Criptana • El Toboso puis soit • La Guardia, Lillo • soit Mascaraque, Mora, Tembleque, Villacanas, Campo de Criptana
Moyens de locomotion en voiture, en vélo, à cheval, à pied
Motif de la route tourisme littéraire
Fréquentation touristes
Littérature cinéma *Don Quichotte*, roman de Cervantès, 1605-1615.
Don Quichotte, film posthume d'Orson Welles, 1992.

Le livre, intitulé *L'Ingénieux hidalgo don Quichotte de la Manche*, publié en deux parties, en 1605 et 1615, est une sorte de parodie des romans de chevalerie. Il raconte les aventures de Don Quichotte, monté sur sa jument efflanquée, Rossinante, et accompagné de son écuyer, Sancho Pança. Le premier est maigre et grand, idéaliste et généreux, le second, petit et rond, réaliste et plein de bon sens. Ce duo mal assorti donne au livre toute sa saveur.

La route de Don Quichotte fut créée à l'occasion du quatrième centenaire de la publication de la première partie du roman de Cervantès. Elle fut conçue autour de 148 étapes suivant plusieurs trajets et devint, en 2007, le premier itinéraire culturel européen axé sur un personnage littéraire.
Don Quichotte est né de l'imagination de Cervantès (1547-1616) au cours d'un séjour en prison. La route peut donc démarrer à Argamasilla de Alba, où se trouve cette prison, qui constitue le lieu de naissance littéraire du héros. L'auteur est en effet resté volontairement mystérieux sur l'origine de Don Quichotte et de nombreuses villes se disputent l'honneur de l'avoir vu naître. L'histoire raconte comment ce gentilhomme de la Manche, du nom d'Alonso Quijano, passionné de livres de chevalerie, finit par s'identifier à un chevalier errant chargé de défendre les faibles. La route suit le héros dans ses multiples péripéties et traverse la plaine de la Mancha, aride et parsemée de moulins à vent aux ailes déployées, comme ceux que Don Quichotte confond avec des géants. Certaines étapes de l'itinéraire se révèlent incontournables. C'est le cas de El Toboso, d'où était originaire sa Dulcinée, qui abrite aujourd'hui un musée consacré au livre. A Puerto Lapice, où Don Quichotte confondit l'auberge avec un château, la Venta del Quijote sert encore ses fameux pigeons en sauce.

N
O
E
S
Tolède
Tage
La Guardia
Mascaraque
Tembleque
Lillo
ESPAGNE
Orgaz
Mora
Montes de Toledo
Villacañas
Belmonte
El Toboso
Quero
Madridejos
Consuegra
Camuñas
Las Mesas
San Clemente
Alcazar de San Juan
Campo de Criptana
Puerto Lapice
La Mancha
Villarubia de los Ojos
Tomelloso
Jucar
La Roda
Argamasilla de Alba
Daimiel
Manzanares
Albacete
Ruidera
Almagro
Corral de Calatrava
Aldea del Rey
Valdepeñas
Villanueva de los Infantes
Montiel
Alcaraz
Sierra de Alcazar
Viso del Marqués
Sierra Madrona
Fuencaliente
0 10 20 30 40 km

Crédits photographiques

COUVERTURE :
© Walter Hodges/CORBIS

p. 8-9 : Car Culture/Corbis
p. 10 : Josse/Leemage
p. 12 : Simeone/Photononstop
p. 14 : Jean-Paul Garcin/Photononstop
p. 16 (b) : Josse/Leemage
p. 16 (h) : Michael Maslan Historic Photographs/Corbis
p. 18 (g) : Charles et Josette Lenars
p. 18 (d) : François Ancellet/Rapho/Eyedea Presse
p. 20 (g) : Philippe Huguen/AFP
p. 20 (d) : Coll. Perrin/Kharbine-Tapabor
p. 22 : Jonathan Blair/Corbis
p. 23 : Walter Bibikow/Photononstop
p. 24 (g et d) : Yvan Travert/akg-images
p. 26 : Josse/Leemage
p. 28 (h) : Josse/Leemage
p. 28 (b) : Nicolas Le Corre/Gamma/Eyedea Presse
p. 30 (g) : Franck Guiziou/hemis.fr
p. 30(d) : Bertrand Rieger/hemis.fr
p. 32 (g) : Selva/Leemage
p. 32 (d) : Michel Petit/CDT de la Meuse
p. 34 (h) : Jean Vigne/Kharbine-Tapabor
p. 34 (b) : Michael Graham-Stewart/The Bridgeman Art Library
p. 36 (b) : Mauritius/Photononstop
p. 36 (h) : Car Culture/Corbis

pp 38-39 : Roland et Sabrina Michaud/Rapho/Eyedea Presse
p. 40 (g) : Jose Fuste Raga/Corbis ;
p. 40 (d) : Jonathan Blair/Corbis
p. 42 (bg) : John Warburton-Lee/Photononstop ;
p. 42 (h) : René Mattès/hemis.fr
p. 42 (bd) : Author's Image/Photononstop
p. 44 (g) : Aisa/Leemage
p. 44 (d) : Ingolf Pompe/hemis.fr
p. 46 : Roland et Sabrina Michaud/Rapho/Eyedea Presse
p. 48 (g) : Aldo Pavan/Sime/Photononstop
p. 48 (d) : Paul Harris/John Warburton-Lee/Photononstop
p. 49 : Graefenhain Gunter/Sime/Photononstop
p. 50 (g) : Michel Gounot/Godong/Photononstop ;
p. 50 (d) : China Photos/Getty Images
p. 52 (h) : Jean-Luc Manaud/Rapho/Eyedea Illustration ;
p. 52 (b) : Franck Guiziou/hemis.fr
p. 54 (g) : Graefenhain Gunter/Sime/Photononstop ;
p. 54 (d) : Harald Sund/Tips/Photononstop
p. 56 : Pierre Jacques/hemis.fr
p. 58 (g) : Nicolas Thibaut/Photononstop
p. 58 (d) : Bruno Barbier/Photononstop
p. 60 (g) : Keystone-France/Eyedea Presse
p. 60 (d) : Jeremy Horner/Corbis
p. 62 (g) : Sylvain Grandadam/Eyedea
p. 62 (d) : Cyril Le Tourneur d'Ison/Gamma/Eyedea Presse

p. 64-65 : Earl & Nazima Kowall/Corbis
p. 66 (h) : Charlie Abad/Photononstop
p. 66 (g) : Robert Doisneau/Rapho/Eyedea Illustration
p. 66 (bd) : Guy Bouchet-Cardinale/Photononstop
p. 68 (g) : Jean-Luc Petit/Gamma/Eyedea Presse
p. 68 (d) : Christian Dumas/Gamma/Eyedea Presse
p. 70 (h) : Stefano Torrione/hemis.fr
p. 70 (b) : Getty Images
p. 72 (g) : Jan Lillehamre
p. 72 (d) : Hurtigruten
p. 73 : Hurtigruten
p. 74 : John Frumm/hemis.fr
p. 76 (h) : Gerd Ludwig/Corbis
p. 76 (b) : AGE/Photononstop
p. 78 : Mauritius/Photononstop
p. 79 : Bruce Coleman Inc/Photononstop
p. 80 (g) : Bertrand Gardel/hemis.fr
p. 80-81 : Peter Arnold/Biosphoto
p. 82 (g et d) : Galen Rowell/Corbis
p. 84 (g) : Paul Harrison/Biosphoto
p. 84 (d) : Antonio Ribeiro/Gamma/Eyedea Presse

pp 86-87 : Gilles Rigoulet/CIRIC
P. 88 : Mohamed Lounes/Gamma/Eyedea Presse
p. 90 (g) : Christophe Boisvieux/hemis.fr
p. 90 (d) : Jean-Luc Luyssen/CIRIC
p. 92 (b) : Hervé HUGHES/hemis.fr
p. 92 (h) : Jean-Luc Manaud/Rapho/Eyedea
p. 94 (g et d) : Everett Kennedy Brown/epa/Corbis
p. 96 (g) : Tips/Photononstop
p. 96 (dh) : Simeone/Photononstop
p. 96 (db) : Martin Harvey/Corbis
p. 98 (g) : Abdelhak Senna/AFP Photo
p. 98 (d) : Cécile Treal/Gamma/Eyedea Presse

pp 100-101 : SBEG
p. 102 : SBGE
p. 104 : Mauritius/Photononstop
p. 105 : John Warburton-Lee/Photononstop
p. 106 (g) : Christophe Boisvieux/Corbis
p. 106 (d) : Galen Rowell/Corbis
p. 108 : Bertrand Rieger/hemis.fr
p. 109 : Tristan Deschamps/Photononstop
p. 110 (g) : Hervé Champollion/Rapho/Top/Eyedea Illustration
p. 110 (d) : Eric Dessons/JDD/Gamma/Eyedea Presse
p. 112 (h) : Paul Almasy/Corbis
p. 112 (b) : Eric Chrétien/Gamma/Eyedea Presse
p. 114-115 : SBEG.
p. 116 (h) : Joseph Martin/akg-images
p. 116-117 : Antonio Real/Eyedea

Cartographie

Conception et réalisation : Géographisme – J.-F. Dutilh

Imprimé en France par Mame à Tours
N° d'édition : 005357-01 - N° d'imprimeur : 09092243
Dépôt légal : octobre 2009